Lea Bonasera

Mitarbeit: Johanna Schnitzler

Die Zeit für Mut ist jetzt!

Wie uns ziviler Widerstand
aus Krisen führt

S. Fischer

Aus Verantwortung für die Umwelt hat sich der S. Fischer Verlag
zu einer nachhaltigen Buchproduktion verpflichtet.
Der bewusste Umgang mit unseren Ressourcen, der Schutz
unseres Klimas und der Natur gehören zu unseren obersten
Unternehmenszielen.

Gemeinsam mit unseren Partnern und Lieferanten
setzen wir uns für eine klimaneutrale Buchproduktion ein,
die den Erwerb von Klimazertifikaten zur Kompensation
des CO_2-Ausstoßes einschließt.

Weitere Informationen finden Sie unter:
www.klimaneutralerverlag.de

Erschienen bei S. FISCHER

© 2023 S. Fischer Verlag GmbH,
Hedderichstr. 114, D-60596 Frankfurt am Main

Typografie und Satz: Farnschläder & Mahlstedt, Hamburg
Druck und Bindung: CPI books GmbH, Leck
Printed in Germany
ISBN 978-3-10-397574-1

I always say that nonviolence is not
the weapon of the weak.
It is the weapon of the strong.

Ich sage immer, dass Gewaltlosigkeit
nicht die Waffe der Schwachen ist.
Sie ist die Waffe der Starken.

Betty Williams, Friedensnobelpreisträgerin, 1976

Inhalt

Einfach wegsperren?
Oder:
Warum es dieses Buch gibt

Civil resistance is a powerful way for people to fight for their rights, freedom, and justice—without the use of violence.

Der zivile Widerstand ist ein wirksames Mittel, mit dem Menschen für ihre Rechte, ihre Freiheit und ihre Gerechtigkeit kämpfen können – ohne Gewalt anzuwenden.

International Center on Nonviolent Conflict

Ich sitze auf dem kalten, nassen Asphalt der Auffahrt einer Berliner Autobahn, vor mir wölbt sich der silberne Kühler eines SUVs. Es ist Januar, fast Punkt acht Uhr morgens, der Himmel ist weiß-grau, ich bin seit drei Stunden auf den Beinen. Es riecht nach Abgasen und dem Sekundenkleber, mit dem ich meine Hand an die Straße geklebt habe. Das langanhaltende Hupen der sich stauenden Autoschlange ist ohrenbetäubend, und ich werde von einem älteren Mann wütend angeschrien, was der ganze Blödsinn hier soll.

Ich atme tief durch. Und schaue auf die Banner, die wir in der Hand halten. Darauf steht: »Essen retten, Leben retten« und »Aufstand der *Letzten Generation*«.

Etwas mehr als eine Stunde lang blockieren wir die Straße. Es ist eine besondere Blockade, da ich weiß, dass dies der Auftakt für eine monatelange Reihe von Protesten ist. Als die Polizei den Verkehr regelt und alle Autos abfahren, entspanne ich mich etwas und drehe mich kurz um. Beim Anblick der leeren Autobahn atme ich auf. Ich erstarre jedoch sofort wieder, als die Beamt*innen mich mit einem Skalpell von der Straße trennen wollen, das macht mir Angst. Ich fühle mich hilflos und rede auf sie ein. Zum Glück lassen sie sich überzeugen und lösen meine Hand stattdessen mit Öl und einem harten Borstenpinsel vom Asphalt ab. Nachdem ich mich weigere aufzustehen und von den Polizist*innen an den Seitenstreifen getragen werde, schaue ich mich eine Weile um und warte ab, was passiert. Stets bewacht von ein paar vollausgestatteten Beamt*innen. Ich bin unsicher, was ich sagen soll, und ich glaube, sie sind es auch. Kurze Zeit später werde ich aufs Polizeirevier gefahren. Aus der Zelle im hinteren Teil des Gefangenentransporters beobachte ich das erwachende Berlin.

Auf dem Revier muss ich meinen dicken roten Pulli, meine zwei darunterliegenden Oberteile, meine Hose und Strumpfhose und alles, was ich sonst noch anhabe, ausziehen und werde durchsucht. Ich bin froh, als es vorbei ist. Danach werde ich mit einem Pappbecher stillem Wasser in eine kalte Einzelzelle gesteckt, die Fenster hoch oben an der Decke, die Tür nur mit einem kleinen Visier, durch das alle halbe Stunde ein meistens grimmiges Gesicht schaut. Ich kann riechen, dass jemand vor mir in der Zelle geraucht hat, und schaue auf die vielen Schriftzüge, die überall in die Zellenwände eingeritzt sind.

Bevor ich mich auf der harten Holzbank zusammenrolle, laufe ich die etwa fünf Meter immer wieder auf und ab und singe *Sending You Light* von Melanie DeMore, ein Lied, das ich mir noch ein paar Tage zuvor beigebracht habe. Ich versuche mich zu beruhigen und auf die Situation einzulassen, obwohl mich die Wände einengen. Ich finde Trost in den Zeilen des Liedes:

I am sending you light, to heal you, to hold you
I am sending you light, to hold you in love

Ich sende dir Licht, um dich zu heilen, um dich zu
halten
Ich sende dir Licht, um dich in Liebe zu halten

Mein Name ist Lea Bonasera, ich bin 26 Jahre alt, vor drei
Jahren habe ich meinen Uni-Abschluss gemacht. Es fällt mir
schwer, mich selbst zu beschreiben, da sich die unterschiedlichsten Eigenschaften in mir vereinen. Auf der einen Seite
das Löwenherz getreu meinem Sternzeichen, das sich in
meinem Ehrgeiz, meiner Entschlossenheit und meinem Ge-
rechtigkeitssinn widerspiegelt. Auf der anderen Seite halten
mich viele für eher ruhig und leise – vielleicht weil ich gerne
eine beobachtende und zuhörende Rolle einnehme. Auffäl-
lig an mir sind meine schwarzen Locken, die immer machen,
was sie wollen, meine Körpergröße – jedes Mal wenn mich
Menschen »in echt« sehen, sind sie überrascht, dass ich doch
178 cm groß bin – und natürlich mein Nachname, auf den ich
immer wieder angesprochen werde, weil er so schön spanisch
klingt (dabei ist er eigentlich italienisch).

Ich bin bei meinen Eltern in einer kleinen Stadt aufgewach-
sen, aß am liebsten Pfannkuchen mit Zimt und Zucker und
puzzelte für mein Leben gern. Ich wollte gute Noten bekommen, um danach studieren zu können, vielleicht sogar
im Ausland. Als ich zum ersten Mal wählen durfte, habe ich
mein Kreuzchen bei der CDU gemacht, weil ich dachte, dass
das eine sichere und gute Wahl ist. Zuhause wurde darauf geachtet, das Licht auszumachen, gesund zu essen, Tupperware
zu benutzen und den Müll zu trennen. Die Zelle eines Poli-
zeireviers sah ich, bis ich 23 Jahre alt war, nur ein einziges
Mal von innen – bei einem Kindergartenausflug.

Lange habe ich davon geträumt, später ein Haus zu haben, einen guten Beruf und eine große Familie. Doch meine Vorstellungen von meinem Leben haben sich verändert. Seit Monaten sitze ich immer wieder auf dem Asphalt und blockiere Straßen, weil ich erreichen möchte, dass die Bundesregierung endlich alles in ihrer Macht Stehende tut, um die Klimakrise, die so viel Leid und Ungerechtigkeiten mit sich bringt, zu bekämpfen und damit mich, meine Mitmenschen und alle Lebewesen zu schützen.

Besonders der Anblick von leidenden Tieren ging mir schon als Kind (und geht mir bis heute) wie ein Stich ins Herz. In meiner Heimatstadt befindet sich ein riesiges Schlachtunternehmen, von wo aus einem morgens, wenn man aus der Haustür geht, manchmal der Fleischgeruch in die Nase weht. Jeden Tag werden dort Tausende Tiere geschlachtet. Immer wenn ich die voll beladenen Schweinetransporter, die von der Autobahn in Richtung Schlachterei fuhren, sah, versuchte ich schnell wegzuschauen. Einmal hielt ein Tiertransporter jedoch neben mir an. Durch die Gitterstäbe blickte ich einem Schwein direkt in seine kleinen, runden Augen und sah in ihnen all das Leid, das den Tieren widerfuhr. In diesem Moment wollte ich das Schwein einfach nur aus dem Transporter befreien und ihm ein schönes Leben in Sicherheit mit vielen Streicheleinheiten schenken. Das Verrückte daran: Am nächsten Tag aß ich beim Grillen im Garten gutgelaunt die Bratwurst von genau diesem Schlachtunternehmen, so als hätte ich das Schwein nie gesehen.

Ich habe lange gelebt, wie viele Menschen in meinem Umfeld in Deutschland leben: Mein innerer Kompass war da und hat mir unmissverständlich eine Richtung gewiesen, aber ich bin ihm nicht konsequent gefolgt. Bequemlichkeit, Ohnmacht, Unwissenheit, das Bedürfnis nach Sicherheit, Angst, der Wunsch nach Zugehörigkeit, der Verlust von Privilegien – vieles hielt mich davon ab, meinen Überzeugungen zu folgen. Ich habe das offensichtliche Unrecht gesehen, daraus aber für mein Handeln keine Konsequenzen gezogen. Und selbst wenn ich etwas hätte anders machen wollen, ich wusste einfach nicht wie.

Doch diese entscheidende Sache hat sich seit meinen Schultagen geändert. Ich weiß inzwischen, was ich tun kann, um etwas zu verändern und mich nicht mehr ohnmächtig zu fühlen.

Dieses Buch handelt von meiner großen Leidenschaft für den zivilen Widerstand, der für mich ein demokratischer Weg aus der Ohnmacht angesichts einer Vielzahl von Ungerechtigkeiten und Krisen ist. Es sind Krisen, die keinen Aufschub mehr dulden und unter denen schon lange Menschen leiden. Aber ganz besonders ist es die Klimakrise – die größte Herausforderung für unsere Gesellschaft, die schon jetzt immer öfter Menschen mit extremen Wetterereignissen und Naturkatastrophen heimsucht.

Wir sind die letzte Generation vor den Kipppunkten, und wenn es eins in dieser Welt braucht, dann ist es eine rigorose Kehrtwende. Laut einem Bericht der Weltorganisation für Meteorologie (WMO) lag die globale Durchschnittstemperatur schon 2020 bei 1,2 Grad über dem vorindustriellen Niveau. Dabei reden alle immer von 1,5 Grad, als ob das die magische Zahl wäre, bei der alles noch gut ist.[1]

Aber schon jetzt, bei 1,2 Grad Erhitzung, sterben Menschen an den Folgen. Und bei einer weiteren Erhöhung auf 1,5 Grad wird es noch mehr Dürren, Überflutungen und Hungersnöte geben. Das ließ viele Menschen im Globalen Norden lange erstaunlich kalt, obwohl sie doch maßgeblich für die Klimakrise verantwortlich sind, und Menschen im Globalen Süden schon jetzt starken Folgen der Klimakrise ausgesetzt sind.

Aber all das schien bislang weit weg. Doch nun rückt die Katastrophe Sommer für Sommer näher, und auch in Europa spüren wir die Folgen der Klimakrise. In Deutschland erlebten wir von 2016 bis 2022 die acht wärmsten Jahre seit Beobachtungsbeginn 1880 direkt hintereinander, wie das Umweltbundesamt aufführt.[2] Und der Sommer 2023 macht Anstalten, diesen Trend fortzusetzen.

Wer die Berichte des Weltklimarates (IPCC) genau liest, weiß, dass wir die 1,5 Grad-Grenze angesichts des aktuellen Versagens der Politik um das Jahr 2030 überschreiten werden und schon um das Jahr 2050 – da feiere ich meinen 53. Geburtstag und bin so alt wie meine Eltern heute – liegen wir wahrscheinlich bei zwei Grad Erwärmung im Vergleich zum vorindustriellen Zeitalter. Zwei Grad!

Das Schlimmste daran ist, dass wir bereits ab 1,5 und spätestens ab zwei Grad große Gefahr laufen, eine unaufhaltsame Kaskade von Kipppunkten anzustoßen. Das bedeutet, dass zum Beispiel das Absterben des Amazonas-Regenwaldes oder das Abschmelzen des Grönlandeises nicht mehr aufzuhalten sein wird. Es liegt dann außerhalb unserer Kontrolle, und wir können diese sich gegenseitig noch verstärkenden Prozesse nicht mehr unterbrechen – selbst wenn wir noch eingreifen wollten. Die Kipppunkte sind wie Dominosteine, einmal umgefallen, verstärken sie die Klimakrise drastisch weiter. Falls ich das Glück habe 80, 90 oder sogar 100 Jahre alt zu werden – so wie meine Großeltern –, dann sind wir gegen Ende des Jahrhunderts bei drei Grad Erderhitzung – oder mehr. Will ich das noch erleben? Will ich, dass meine Kinder das erleben? Die Gefahr, dass bis dahin Hungersnöte, Massenflucht, zusammenbrechende Staaten und andere Katastrophen zum Ende der Zivilisation, wie wir sie kennen, führen, ist keine düster-hysterische Vision – sondern ein ziemlich reales Szenario.

All das ist bekannt. Warum geht es dennoch nicht oder nur in minimalen Schritten voran? Das frustriert viele Menschen, nicht nur in meiner Generation. Warum ist die Politik oft verzagter, langsamer, behäbiger, ungerechter, als es die öffentliche Meinung ist?[3]

Ich bin mir sicher: Der zivile Widerstand ist die Methode, die die Verantwortlichen endlich dazu bringen wird, sich diesen Fragen zu stellen und ins Handeln zu kommen.

Ich habe selbst unzählige Male Widerstand auf unterschiedliche Weise geleistet, schreibe meine Doktorarbeit zum Thema ziviler Widerstand in Demokratien und bin Mitbegründerin der Klimaschutzgruppe *Letzte Generation*. Mit diesem Buch möchte ich den Leser*innen zeigen, wie effektiv und befreiend diese Widerstandsform ist.

Zwei Dinge sind mir dabei wichtig: Auch wenn mein eigener Weg eng mit der *Letzten Generation* verwoben ist und ich in diesem Buch viel davon erzähle, gehen meine Gedanken darüber hinaus. Gleichzeitig besteht die *Letzte Generation* aus vielen unterschiedlichen Menschen mit ganz vielen Ideen, und ich maße mir nicht an, stellvertretend für all die kreativen und mutigen Köpfe zu schreiben.

Zum anderen ist dieses Buch keine Doktorarbeit (an der sitze ich ja noch), sondern aus meiner persönlichen Perspektive geschrieben. Anhand meiner eigenen Erfahrungen und meines Weges möchte ich anderen Menschen den zivilen Widerstand als effektive Handlungsoption näherbringen und gleichzeitig die gesellschaftliche Debatte darüber etwas geraderücken.

Schon früh haben mich Menschen wie die Afroamerikanerin Rosa Parks bewegt, die sich im Jahr 1955 im US-Bundesstaat Alabama weigerte, ihren Sitz im Bus für *weiße* Fahrgäste frei zu machen. Sie stand für die Gleichberechtigung von Schwarzen ein und legte damit einen der Grundsteine für die Schwarze Bürgerrechtsbewegung. Wenn es um solche Menschen ging, spitzte ich immer besonders die Ohren.

Auch in meinem persönlichen Umfeld gab und gibt es Menschen, die mich beeindruckten und prägten, weil sie den Mut aufbrachten, für ihre Überzeugungen und für ein besseres Leben zu kämpfen. So hörte ich bei meinen Großeltern immer ganz aufmerksam zu, wenn sie aus ihrer Jugend erzählten. Meine Oma war als junges Mädchen mit ihrer Schwester aus der DDR in die BRD geflohen. Zwar war damals die Mauer noch nicht gebaut und die Grenze durchlässig, doch musste sie, um nicht als Republikflüchtling aufzufallen, all ihre persönlichen Sachen zurücklassen und durfte nur mit dem, was sie am Leib trug, in den Zug in den Westen steigen. Das fand ich wahnsinnig beeindruckend. Mein Opa kommt aus Italien und verließ als junger Mann in den 1960er Jahren seine Heimat, um in einem fremden Land, in dem er die Sprache nicht verstand, Arbeit zu finden und ein neues Leben anzufangen. Auch seine Geschichte faszinierte mich als Kind, zeigte sie mir doch, wie stark und mutig Menschen sein können.

Doch auch weniger spektakuläre Dinge beeindruckten und prägten mich. Wie zum Beispiel die ehrenamtliche Arbeit meiner Mutter in gemeinnützigen Organisationen und ihr Engagement als Elternvertreterin in unserer Schule.

Dem zivilen Widerstand begegnete ich das erste Mal während meines Studiums der Internationalen Beziehungen in Amsterdam und Oxford.

Ich werde immer wieder nach einem Schlüsselerlebnis gefragt, das mein Leben veränderte. Ich muss zugeben, dass es diesen einen besonderen Moment nicht gab. Ich brauchte eine Weile, um mich heranzutasten.

Nach dem Abitur ging ich aufs Amsterdam University College, das einen starken Fokus auf das Thema Klimakrise legte und wo ich zum ersten Mal mit der Problematik in Kontakt kam. Ich war kaum drei Monate dort, da gab es einen Aufruf, gemeinsam mit dem Bus nach Paris zur Klimakonferenz 2015 zu fahren. Ich entschied mich spontan mitzukommen und übernachtete in einer Halle mit Hunderten von

Menschen, um am nächsten Tag für eine starke Vereinbarung der Länder im Kampf gegen die Klimakrise auf die Straße zu gehen. Das war meine erste Demonstration und gleich eine so große! Ich traf Menschen, die aufgrund des Klimas nicht mehr flogen und kein Fleisch mehr aßen, das alles war neu für mich. Zurück an der Uni, fing auch ich an, mich vegetarisch zu ernähren und trat der Umwelt-AG bei, in der wir versuchten, die Uni nachhaltiger zu machen – mehr Grünflächen, bessere Mülltrennung, weniger Fleisch in der Mensa. Alles im kleinen Rahmen, aber damals fühlte es sich groß an.

Zu dieser Zeit gab es *Fridays for Future* noch nicht. Die Klimaproteste waren nicht vergleichbar mit den heutigen, und auch die mediale Aufmerksamkeit für das Thema war viel geringer. Erst als ich meinen Master an der Universität Oxford in England anfing, kam die Bewegung auf, und ich lief regelmäßig bei den Demonstrationen mit, beeindruckt von den großen Reden, die Menschen hielten, die noch jünger waren als ich. Ich kam auch in Kontakt mit *Extinction Rebellion*, einer neuen Klimaschutzbewegung, die sich zu dieser Zeit gegründet hatte und vor allem im 80 Kilometer entfernten London zivilen Widerstand leistete. Menschen blockierten Straßen, Schiffs- und Flughäfen, protestierten in Regierungsgebäuden und erklärten ihr Vorgehen dabei so genau, dass sie mir den Anstoß gaben, das erste Mal Literatur zum zivilen Widerstand zu lesen.

Zur gleichen Zeit besetzten einige Student*innen der Kampagne *Oxford Climate Justice Campaign* fünf Tage lang das St. John's College in Oxford. Nachdem sich mehr als die Hälfte der Universitäten in Großbritannien zum Ausstieg aus den fossilen Energien verpflichtet hatten, sich das

St. John's College jedoch einem solchen Bekenntnis verweigerte, war es Ziel des Protests, das College dazu zu bringen, die in Millionenhöhe liegenden Investitionen in fossile Energien zu stoppen. Über eine WhatsApp-Gruppe wurde dazu aufgerufen, den Protestierenden Tee zu bringen. Kurzerhand kochte ich zwei Kannen und fand mich wenig später im Zeltlager mitten im Innenhof des Colleges wieder. Doch traute ich mich nicht, dort zu übernachten, aus Angst davor, von der Uni geschmissen zu werden. So kam ich jeden Tag vorbei, um mit den Student*innen zu sprechen, Plakate zu malen und Essen reinzuschmuggeln, da die Collegeleitung versuchte, die Versorgungsketten zu unterbrechen und damit die Student*innen zum Aufgeben zu bringen. Am Ende gingen die Protestierenden von selbst wieder, und das College investierte weiter in fossile Energien, aber das war das erste Mal, dass ich zivilen Widerstand mit eigenen Augen beobachten konnte. Und ich fand es wahnsinnig spannend.

Ich wollte mehr über die Hintergründe und die Geschichte dieser Protestform wissen und machte den zivilen Widerstand in Demokratien zum Gegenstand meiner Masterarbeit an der Universität Oxford.

Bis spät in die Nacht vergrub ich meinen Kopf in den Büchern über den zivilen Widerstand; ganz vorne mit dabei das 2011 erschienene Buch *Why Civil Resistance Works*[4] (Warum ziviler Widerstand funktioniert) der US-amerikanischen Politikwissenschaftlerinnen Erica Chenoweth und Maria J. Stephan. In der bis dahin größten Studie verglichen sie alle bekannten gewaltfreien Widerstände zwischen 1900 und 2006, die auf die Abspaltung eines Landes, den Sturz einer Diktatur oder die Befreiung von einer ausländischen Besatzung abzielten, und konnten dadurch zeigen, dass ziviler gewaltfreier Widerstand wirksamer ist als gewaltvolle Auseinandersetzungen.

Was mich dabei faszinierte, war die Kraft, die von den Menschen ausging, die friedlichen Widerstand leisteten.

Einer der größten Forscher, an dem man nicht vorbeikommt, wenn man zum zivilen Widerstand recherchiert, ist der US-amerikanische Politikwissenschaftler Gene Sharp und seine Mitarbeiterin Jamila Raqib. Sharps 1973 veröffentlichtes dreiteiliges Werk *The Politics of Nonviolent Action*[5] (Die Politik der gewaltfreien Aktion) und der 1993 erstmals veröffentlichte Essay *From Dictatorship to Democracy* (Von der Diktatur zur Demokratie)[6] sind zentrale Werke im Diskurs zum gewaltfreien Widerstand und beeinflussten seither Widerstandsbewegungen weltweit. Sharp studierte in den 1960er Jahren auch an der Universität Oxford, und ich konnte seine Doktorarbeit aus dem Archiv unserer Bibliothek einsehen. Er hat einen Satz formuliert, der mich immer wieder aufs Neue motiviert: »Diktaturen sind niemals so stark, wie sie glauben. Menschen sind niemals so schwach, wie sie denken.«[7] Auch wenn dieses Zitat und viele der Fallstudien, die ich mir anschaute, auf diktatorische Kontexte gemünzt sind und darauf ausgelegt waren, Regierungen zu stürzen, gab es auch viele Beispiele aus demokratischen Zusammenhängen, die zeigten, dass Bürger*innen eine Chance hatten, sich durch zivilen Widerstand für Werte wie Gleichberechtigung und Freiheit starkzumachen. Und ich bin überzeugt, dass sich vieles davon auf moderne Demokratien übertragen lässt (das ist auch die These meiner Doktorarbeit, und auch hier im Buch werde ich darauf zurückkommen).

Dass der Weg des zivilen Widerstands zur Lösung vieler Krisen, die uns zurzeit umtreiben, führen kann, beeindruckte mich immer mehr.

Und dass es ein Weg ist, mit dem ich mich menschlich und moralisch verbinden kann, der aber auch strategisch äußerst effizient und sinnvoll ist. Ich wollte, nachdem ich mit meiner Masterarbeit fertig war, unbedingt weiterforschen! Doch meine Professorin ermutigte mich, mit meinen gerade einmal 23 Jahren zunächst ein Jahr Praxiserfahrung zu sammeln, um mich dann anschließend in meine Doktorarbeit zu stürzen. Ich folgte ihrem Rat, nutzte die Kontakte, die ich für die Masterarbeit zu Menschen von *Extinction Rebellion Deutschland* aufgebaut hatte und ging nach Berlin, um mich weiter mit dem Thema zu beschäftigen und gleichzeitig etwas gegen die Klimakrise zu tun. Inspiriert von dem, was ich gelesen hatte, hatte ich eine – zumindest bis dahin theoretische – Vorstellung davon, wie Widerstand funktioniert und wie wir ihn nutzen können, um die Regierung zum Handeln gegen die Klimakrise zu bewegen. Ich fragte mich bei meinen bestehenden Kontakten durch, bis ich schließlich selbst Teil der Strategiegruppe von *Extinction Rebellion Deutschland* wurde und ohne viel Vorbereitung anfing, Proteste mitzuplanen.

Bis ich selbst das erste Mal Widerstand leistete, dauerte es noch etwas. Ich war zwar bei Protesten in den Städten und auch bei den damaligen großen Waldbesetzungen dabei, aber folgte jedes Mal den Anweisungen der Polizei, als sie mich aufforderten aufzustehen. Meine Angst vor den Strafen war zu groß.

Doch das änderte sich nach einiger Zeit. Bei einem Protest von *Extinction Rebellion* mitten auf der Köhlbrandbrücke in Hamburg sah ich zu, wie Protestierende die Straße blockierten und sich von der Polizei nicht beirren ließen. Ich aber war eine der Ersten, die den Ort verließ. Auf den ganzen zwei Kilometern, die ich in Polizeibegleitung runter von der Brücke im Polizeiauto fuhr, kreisten meine Gedanken darum, dass ich das selbst auch machen möchte.

Und so blieb ich am nächsten Tag sitzen – bis die Polizei mich verhaftete.

Im Sommer 2021 gründeten wir – Melanie Guttmann, Henning Jeschke und ich – beflügelt von dem Wunsch nach einer Gruppe, bei der wir eigene Ideen nach eigenen Vorstellungen entfalten konnten, die *Letzte Generation*.

Sie wurde vor allem durch den Hungerstreik von sieben Menschen kurz vor der Bundestagswahl im Herbst 2021 bekannt – bei dem ein öffentliches Gespräch mit den drei Kanzlerkandidat*innen und die Gründung eines Bürger*innenrats das Ziel war – und hat seitdem mit vielfältigen Protesten für reichlich Diskussion gesorgt. Bei dem Hungerstreik war ich zuerst an der Planung und Koordination beteiligt und schloss mich am Ende selbst für sechs Tage dem Hunger- und schließlich auch dem Durststreik an, da ich es für wichtig hielt, den Druck, der auf der Bundesregierung zu diesem Zeitpunkt bereits lastete, hochzuhalten.

Schließlich sagte Olaf Scholz einem öffentlichen Gespräch

innerhalb von vier Wochen nach der Wahl zu, um mit uns über die Klimakrise zu reden. Vor laufenden Kameras kündigte ich ihm dabei an, mit anderen Menschen so lange Autobahnen zu blockieren, bis sie uns ins Gefängnis stecken müssten – falls die neugewählte Regierung weiterhin eine Klimapolitik vertrete, die unsere Lebensgrundlagen gefährde, und nicht einmal einfachste Maßnahmen ergreife, wie zum Beispiel das Wegwerfen von Lebensmitteln zu verhindern.

Dazu kam es dann auch, und ich ging im Januar und Februar 2022 Dutzende Male auf die Straße. Bis der russische Angriffskrieg gegen die Ukraine begann und wir einen strategischen Wechsel vornahmen, um uns der neuen Situation anzupassen. Seitdem gehe ich immer noch auf die Straße und arbeite weiterhin viel an der Strategie, der Vernetzung und an politischen Gesprächen. Parallel dazu fing ich mit den Recherchen zu meiner Doktorarbeit an, auch um mich immer wissenschaftlich abzusichern und auf dem neusten Stand zu sein. Erst am Wissenschaftszentrum Berlin für Sozialforschung (WZB)[8], dann in einem internationalen Studienkreis mit Forscher*innen aus der ganzen Welt zum Thema ziviler Widerstand.

Dabei kämpfen meine zwei Rollen – die der Nachwuchswissenschaftlerin und die der Widerständlerin – immer wieder miteinander: Während die eine Lea es für wichtig hält, sich weiterzubilden und sich Zeit zu nehmen, das Erlebte zu analysieren, will die andere Lea Widerstand leisten, anstatt wertvolle Zeit zu verschwenden, die wir gerade in der Klimakrise nicht haben.

Verstärkt wird das durch ein Zerren von außen. Zwar kommt es nur vereinzelt vor, aber es gibt immer mal wieder Mitprotestierende, die mir gegenüber ihr Unverständnis äußern, wenn ich meinen Kopf in ein Buch stecke.

Doch halte ich es – und das ist auch ein Grund für dieses Buch – bis heute für unerlässlich, eine Brücke zwischen Theorie und Praxis zu schlagen. Beide Seiten können sich gegenseitig bereichern.

Vielleicht ist das auch das Besondere an diesem Buch: dass ich beide Perspektiven kenne. Aktuell gibt es vermutlich wenige Menschen, die sowohl forschen als auch selbst aktiv Widerstand leisten. Und was ich in den vergangenen Monaten und Jahren feststellte: Meine theoretischen Recherchen und Ergebnisse bestätigen sich auch in der Praxis. Ziviler Widerstand ist effektiv! (Siehe Kapitel 3)

Umso mehr ärgere ich mich darüber, dass die Theorie des zivilen Widerstands öffentlich unterschätzt, falsch verstanden oder gar verteufelt wird. Michael Roth, der Vorsitzende des Auswärtigen Ausschusses des Bundestages, verglich die *Letzte Generation* nach einem Protest, bei dem abwischbare Farbe auf die Grundgesetztafel in Berlin geschüttet wurde, mit islamistischem Terror: »Was für eine billige, würdelose Aktion. Ihr scheißt auf die Grundrechte, zerstört Kunst ähnlich wie die Taliban und fühlt euch noch als Heldinnen und Helden«, kommentierte er auf Twitter. Es gibt unzählige weitere Beispiele, bei denen Politiker*innen – aber auch viele Journalist*innen – die Methoden abwerten, kriminalisieren oder ins Lächerliche ziehen. Sie sprechen im Fernsehen darüber oder in den sozialen Netzwerken, wo ihre Botschaften Hunderttausende erreichen.

Ganz besonders quält es mich, wenn in Situationen über unser Vorgehen gesprochen wird, in denen ich nicht direkt eingreifen oder mich äußern kann. Dann geht mein Puls hoch, ich fange an, unruhig hin und her zu rutschen, mit dem Bein zu wippen und schimpfe leise vor mich hin, obwohl ich das im Sinne der Friedlichkeit in solchen Situationen eigentlich nie tun will. So zum Beispiel im Gerichtssaal, wo ich schon oft war, um Menschen, die für ihren Protest angeklagt werden, als Expertin für zivilen Widerstand zur Seite zu stehen. Doch egal, ob ich in einem pompösen Hochsicherheitsgebäude mit wuchtig-einschüchternder Atmosphäre oder im kleineren, schulzimmer-ähnlichen Gerichtssaal saß, jedes Mal haben die Richter*innen in ihrer schwarzen Robe über Methoden des zivilen Widerstands gesprochen, mich aber nicht als Sachverständige zugelassen. Sie haben dann sogar in ihrem Urteil ausgeführt, warum sie denken, dass dieses Vorgehen ungeeignet sei. Diese mächtigen Menschen mit viel Verantwortung haben ihre persönliche Meinung kundgetan, aber sich keine wissenschaftliche Expertise dazu geholt.

Es fällt mir schwer auszuhalten, wie sich Politiker*innen, Journalist*innen, Richter*innen und andere Leute anmaßen, derart abfällig über unser Vorgehen zu sprechen, obwohl sie wahrscheinlich wenig über die Geschichte und die Bedeutung des zivilen Widerstands nachgedacht haben. Deshalb möchte ich auch im zweiten Kapitel darüber sprechen, warum ich zivilen Widerstand für ein zentrales und sehr legitimes Ausdrucksmittel in einer Demokratie halte. Damit wir nicht bei oberflächlicher Empörung stehen bleiben.

Welche Überlegungen und Ideen stehen hinter dem zivilen Widerstand? Wie hat sich diese Methode entwickelt? Welche historischen Grundlagen gibt es? Wer waren und sind seine größten Protagonist*innen? Welche Dynamiken entscheiden über den Erfolg des zivilen Widerstands? Wie organisiert man zivilen Widerstand ganz konkret in der Praxis? Wann scheitert er? Das alles soll dieses Buch so allgemeinverständlich wie möglich beantworten.

Ich habe meinen Werdegang lange im Wissenschaftsbetrieb gesehen, vielleicht als Dozentin an einer Hochschule, eher im Stillen forschend und publizierend – und bin eigentlich auch überhaupt kein Mensch, der ein großes Bedürfnis verspürt, sich in den Mittelpunkt zu stellen. Gibt es doch so viele Menschen, die mehr auf der Straße waren, denen höhere juristische Strafen drohten oder die biographisch mehr riskiert haben als ich. Dass ich nun trotzdem ein Buch schreibe, mit meinem Gesicht auf dem Cover, erscheint da als Widerspruch. Ich habe bisher versucht, mein Wissen und meine Erfahrungen auf anderen Wegen an Menschen weiterzugeben, habe Vorträge gehalten vor Bürger*innen, die Proteste leisten, an Universitäten, vor Wissenschaftler*innen, vor Kirchenvertreter*innen. Aber das genügt nicht mehr. Wenn ich einzelne Veranstaltungen besuche, erreiche ich immer nur ein paar Dutzend Menschen. Jetzt ist es an der Zeit, alle zu erreichen. Und das will ich möglichst bald tun. Denn mich begleitet ständig die sehr konkrete Angst, für meine bisherigen Proteste und mein aktuelles Engagement weggesperrt zu werden und diese Informationen dann nicht mehr teilen zu können. Das mag pathetisch klingen, für mich ist es juristische Realität.

Dieses Buch ist daher auch eine Art Zwischenfazit: Ich möchte einmal alles zusammenfassen, was ich einerseits auf der Straße erlebt und andererseits lesend und forschend zusammengetragen habe.

Denn ich bin zutiefst überzeugt, dass wir mit dem zivilen Widerstand ein Mittel in der Hand haben, mit dem wir die Welt zumindest besser machen können.

Die Gedanken in meinem Kopf überschlagen sich, während ich an diesem grauen Januarmorgen auf der nassen Straße sitze. Ich lasse das Schimpfen der im Gesicht hochrot angelaufenen Autofahrer*innen und das schmerzhafte Zerren an meinen Schultern und an meinem Oberkörper über mich ergehen. Diese Menschen sind ja zu Recht sauer.

Ich will niemanden ärgern. Es geht mir um etwas Größeres. Ich empfinde die aktuellen Krisen weltweit als extrem bedrückend. Ich weiß, dass wir nicht schnell genug und nicht entschieden genug handeln. Deshalb leiste ich Widerstand gegen den Kurs der Politik, um gemeinsam mit anderen, einen so großen Widerstand zu schaffen, dass die Mächtigen in diesem Land reagieren müssen.

Und eigentlich bin ich mir sicher, dass vielen Menschen in den Autos vor mir auch bewusst ist, dass wir mitten in der Katastrophe stecken – und sie über den kurzfristigen Frust hinwegsehen können, wenn sie sich wirklich dem Anliegen öffnen. Ich weiß, dass dieser Prozess hart ist. Es tut weh zu akzeptieren, dass die Situation ist, wie sie ist, es nimmt einem jegliche Sicherheit und Schutz. Doch ich glaube, wir müssen die Dinge offen auf den Tisch legen, denn nur so finden wir wirkliche Lösungen.

**Was bedeutet das vor allem für junge Menschen,
wenn sie das Gefühl haben, ihre Träume und Pläne dem
Kampf gegen die Klimakrise unterordnen zu müssen?**

Ich könnte meine Doktorarbeit bereits in der Tasche und einen guten Job mit gutem Gehalt haben. Meine Freund*innen fangen gerade an, ihr erstes Geld zu verdienen. Gegen mich laufen weit über zwanzig Gerichtsverfahren. Ich war oft in Polizeigewahrsam. Die Angst, länger ins Gefängnis zu müssen, begleitet mich ständig. Doch ich denke, es ist das Richtige, diesen Weg zu gehen – und deshalb nehme ich das in Kauf.[9]

Mir kommt immer wieder eine Szene aus dem großartigen Film *The Great Debaters* (2007) von Regisseur Denzel Washington in den Sinn, er spielt in den 1930er Jahren in den USA – und unter anderem wird viel darüber debattiert, wann Schwarze endlich gleichberechtigt sein sollten. Nachdem eine *weiße* Gruppe behauptet, dass der Tag leider noch nicht »heute« ist, hält ein Schwarzes Student*innenteam eine flammende Rede darüber, dass die Zeit nicht »morgen« ist oder »in ein paar Jahren«, sondern dass die Zeit für Gerechtigkeit, Freiheit und Gleichberechtigung Schwarzer »schon immer ›jetzt‹ war«.

**Auch die Zeit für mehr Klimaschutz und eine gerechte
Gesellschaft ist nicht morgen, übermorgen, bald,
demnächst – sondern sie war immer schon: Jetzt.**

Es gibt keinen Grund zu warten oder sich weiterhin auf irgendwann vertrösten zu lassen. Menschen im Globalen Süden haben seit über 500 Jahren Widerstand gegen Ausbeutung von Mensch und Natur geleistet!

Ich richte meinen Appell vor allem an Menschen wie mich selbst, an die Mittel- und Oberschicht des Globalen Nordens, die bisher von der Ausbeutung des Planeten profitiert hat. An diejenigen, die lange Zeit still waren – und nun endlich gegen die Ungerechtigkeiten ihre Stimme erheben sollten. Ich weiß, es ist unbequem, aber lasst uns mutig sein.

1

Radikal?
Oder:
Was ziviler Widerstand ist
und was er nicht ist

Helgoland, die Nikolaikirche in Leipzig, Wyhl am
Kaiserstuhl, das alles sind Orte des zivilen Widerstands in Deutschland. Hier haben Menschen den Mut
aufgebracht, sich gegen bestehende Ungerechtigkeiten
zu stellen. In diesem ersten Kapitel schaue ich auf
bekannte Beispiele des zivilen Widerstands vor allem
in Deutschland, aber auch im Rest der Welt.
Ich beschreibe, was ich unter zivilem Widerstand
verstehe und was damit erreicht werden kann.
Was ziviler Widerstand ist und was er nicht ist.
Ich hoffe, mit vielen missverständlichen Vorstellungen
von zivilem Widerstand aufräumen zu können und eine
gute Grundlage für das Buch zu geben.

Als ich mit meiner Familie als Kind Urlaub an der Nordsee machte, stand auch ein Ausflug nach Helgoland auf dem Programm. Obwohl ich mich selbst nicht mehr so gut daran erinnern kann, erzählt mir meine Mama noch heute davon, wie abenteuerlich unsere Überfahrt mit dem kleinen Schiff gewesen war, das inmitten der hohen Wellen hin- und herschaukelte. Ich kann mich nur noch daran erinnern, dass ich es auf der Nordseeinsel mit ihren Robben- und Seehundkolonien und der »Langen Anna« richtig aufregend fand.

Viele Jahre später erfuhr ich, dass es einer jener Orte in Deutschland ist, an denen friedlicher Widerstand geleistet wurde. Während in den 1950er Jahren in Deutschland viel und kontrovers über das Thema Wiederbewaffnung gesprochen wurde, wollten zwei Heidelberger Studenten, René Leudesdorff und Georg von Hatzfeld, dagegen protestieren und wählten Helgoland als passenden Ort für ihren Widerstand aus. Hier wollten sie ein Zeichen für ein friedliches Europa setzen und erreichen, dass die Einwohner*innen wieder auf ihre Insel zurückkehren konnten. Helgoland – nach dem Zweiten Weltkrieg nicht mehr bewohnbar – blieb nach dem Krieg in britischer Hand militärisches Sperrgebiet und diente als Ziel für regelmäßige Übungsbombardements. Leudesdorff und von Hatzfeld besetzten am 20. Dezember 1950 in einer »friedlichen Invasion« die Insel. Umgeben von Trümmern und Bombenkratern harrten sie dort für zwei Tage und Nächte aus. Ihr Protest fand breiten Anklang: europaweit wurde darüber berichtet. Die zwei inspirierten auch einige Nachahmer*innen, die in den kommenden Wochen auf die Insel kamen, um sich dem Widerstand anzuschließen.

Es entstand eine breite Bewegung zur Wiederfreigabe Helgolands an Deutschland, auch getragen von einigen Politiker*innen und gut vernetzten Helgoländern, zu der die zwei Studenten mit ihrem Protest eine weitere Facette hinzufügten. Mit Erfolg: »Dass die Insel sowieso nicht gegen gewaltfreie Besetzungen mit militärischen Mitteln zu halten ist, das hat dann schließlich den britischen Royal Air Force Chef überzeugt«, berichtete René Leudesdorff in einem Interview mit dem Norddeutschen Rundfunk.[10] Nachdem die britische Regierung die Verhandlungen mit der Adenauer-Regierung aufnahm, wurde die Insel schließlich am 21. Februar 1951 freigegeben und anschließend wiederaufgebaut. Hätte man die Besetzung fortgesetzt, wären die politischen Kosten weitaus höher gewesen als der militärische Nutzen, so der Berliner Friedensforscher, Professor Theodor Ebert in einem Interview in der taz, und kommt zu dem Schluss: »Gewaltfreier Widerstand wirkt also nicht nur moralisch, sondern provoziert hier auch Kosten-/Nutzenrechnungen.«[11]

Weitaus bekannter als die Geschichte der beiden Heidelberger Studenten ist der zivile Widerstand in Deutschland verbunden mit den Montagsdemonstrationen im Herbst 1989 in der damaligen DDR. Vor kurzem erst war ich in der großen, aber einladenden Nikolaikirche in Leipzig – dem Ort, an dem die friedliche Revolution ihren Anfang nahm. Man spürt dort die Geschichte überall. In einem Seitentrakt der

Kirche gab es eine Ausstellung, in der man Bilder jener Menschen sehen konnte, die damals gegen die SED-Diktatur aufbegehrten: die berühmten Montagsdemonstrationen, bei denen Tausende Menschen friedlich auf die Straße gingen, um für Freiheit zu protestieren. Ich konnte mir genau vorstellen, wie Tausende Menschen auf dem Platz vor der Kirche standen und sich mit Rufen wie »Wir sind das Volk!« für lange überfällige Reformen und mehr Freiheitsrechte einsetzten – was letztlich dazu beitrug, dass am 9. November 1989 die Mauer geöffnet wurde.

Was einem auch in den Sinn kommt, wenn man an zivilen Widerstand denkt, ist die Anti-Atomkraft-Bewegung in den 1970er Jahren. Nachdem in der Nachkriegszeit immer mehr Kernkraftwerke geplant wurden, bildete sich eine breite Bewegung, die sich gegen die zivile Nutzung der Atomenergie richtete. Ausgehend von Protesten in Amerika und Frankreich schwappte die Bewegung 1968 beim Widerstand gegen den Bau des Kernkraftwerkes in Würgassen an der Oberweser nach Deutschland über. In der Folge gab es viele friedliche Proteste, bei denen Menschen die Bauplätze von Atomkraftwerken wie in Wyhl besetzten. Dabei entstanden bis dahin nicht gekannte Allianzen zwischen Bäuer*innen, Winzer*innen und Studierenden. Menschen ketteten sich an Zuggleise, um Transporte in das nukleare Entsorgungszentrum Gorleben aufzuhalten. Trotz der Wut mancher Protestierender, die durch die Brutalität der Polizeieinsätze bei einigen Protesten hervorgerufen wurde, blieb der Grundsatz der Gewaltfreiheit bestehen. Als Kind fand ich die rote Sonne, die mich von den »Atomkraft? Nein Danke«-Stickern mit zwinkernden Augen anlachte, toll. Auch wenn ich damals nicht so richtig verstanden habe, um was es dabei ging, so fühlte es sich doch wichtig an.

Die Wiederfreigabe Helgolands, die Montagsdemonstrationen, die Anti-Atomkraftbewegung, das sind nur einige Beispiele, die aber bereits zeigen, dass friedlicher Widerstand für die unterschiedlichsten politischen Ziele eingesetzt werden kann. Und diese Methode dient keinesfalls nur dazu, autokratische Regime zu stürzen oder ausländische Besatzungsmächte loszuwerden – sondern sie wurde immer wieder auch in demokratischen Zusammenhängen von Bevölkerungsgruppen genutzt, die auf Reformen oder einen Kurswechsel pochten.

Schaut man auf die ganze Welt, dann reicht dieses Buch nicht aus, um alle Ereignisse mit zivilem Widerstand aufzuführen, die in vergangenen Jahren und Jahrzehnten für Schlagzeilen gesorgt haben, sei es *Black Lives Matter (2013)*, *Occupy Wall Street (2011)*, *Arabischer Frühling (2010)*, das *Pakistan Lawyers Movement (2007–2009)*, die serbische Organisation *Otpor!* (1998) oder die internationale AIDS-Koalition *ACT UP* (1987), um nur einige wenige zu nennen.[12]

Menschen protestierten aus unterschiedlichen Gründen und zu unterschiedlichen Zeiten, um den Status quo zu verändern und bestehende Machtstrukturen aufzubrechen.

Wenn ich mit Menschen aus der Kirche spreche, Pfarrer*innen, Kirchenmusiker*innen, Gläubige, dann ziehen sie häufig Beispiele aus der Bibel heran, die mir im ersten Moment gar nicht in den Sinn gekommen wären. Christ*innen erzählen mir gerne, wie sich Jesus für seine Mitmenschen einsetzte und den damaligen Alltag und die herrschenden Machtverhältnisse störte. Als Beispiel nennen sie die Tempelreinigung, bei der Jesus gewaltfrei gegen Händler*innen und Geldwechsel protestierte. Mit den Worten »Es steht geschrieben: ›Mein Haus soll ein Bethaus heißen‹; ihr aber macht eine Räuberhöhle daraus« vertrieb er sie aus dem Jerusalemer Tempel. Er stieß die Tische der Kaufleute um, damit an diesem Ort wieder Menschen Gott begegnen konnten, anstatt Geschäfte zu treiben.[13]

Wir sehen ganz klar, egal zu welcher Zeit, egal an welchem Ort: Ziviler Widerstand ist überall!

Doch obwohl es diese bekannten Beispiele gibt, fiel es mir lange schwer, wirklich zu beschreiben, worum es genau beim zivilen Widerstand geht und was ihn ausmacht. Auch bei Menschen in meinem Umfeld gibt es ganz unterschiedliche, zum Teil recht abenteuerliche Ideen dazu, was der zivile Widerstand überhaupt ist. Die Vorstellungen, die ich da im Zusammenhang mit der *Letzten Generation* schon gehört habe, reichen von »hirnlosen Aktionen von trotzigen Kindern, die lieber erst einmal was in der Gesellschaft leisten sollen« bis hin zu »Gewalttaten von militanten, vermummten Chaoten, die mit Waffen die Regierung stürzen wollen«.

Die meisten Menschen aber haben keine genaue Vorstellung, was ziviler Widerstand ist und welche Macht er haben kann. Gerade junge Menschen, die die Anti-Atomkraft-Bewegung oder die Proteste im Herbst 1989 nicht miterlebt haben, haben wenig Berührungspunkte mit dem zivilen Widerstand. In der Schule wird das Thema allenfalls im historischen Zusammenhang gestreift, privat spricht man vielleicht mal darüber, wenn in den Nachrichten Bilder von protestierenden Menschen aus dem Iran oder der Türkei gezeigt werden. Doch das war es dann auch meist.

Ich habe aber auch noch eine andere Vermutung, warum wir der Gewaltlosigkeit so wenig Aufmerksamkeit schenken. Möglicherweise liegt es daran, dass uns medial von klein auf vermittelt wird, mit quasi jedem Actionfilm, wie effizient Gewalt ist. Dazu gibt es ein großartiges Zitat von Bertha von Suttner, der Schriftstellerin, Pazifistin und Friedensnobelpreisträgerin:

> Keinem vernünftigem Menschen wird es einfallen, Tintenflecken mit Tinte, Ölflecken mit Öl weg-waschen zu wollen – nur Blut, das soll immer wieder mit Blut ausgewaschen werden![14]

Was uns dagegen niemand erzählt: Wie viel nicht staatliche Akteur*innen, die entschieden, aber friedlich vorgehen, gegen einen Staat, egal, wie mächtig und teils brutal er auftritt, auszurichten vermögen. Manchmal schaffen es die Widerständler*innen nicht direkt und über Nacht, aber oft auf mittlere Sicht.

Was also ist ziviler, gewaltfreier Widerstand?

Erica Chenoweth beantwortet die Frage in einem Vortrag beim *International Center of Nonviolent Conflict (ICNC)* 2010 so:

> *Many times when people hear the term ›nonviolent‹ they think of passive resistance which obscures the*

very active role that civilians play in the prosecution of the conflict. Others think of principled non-violence which refers to a moral or spiritual decision or position that avoids the use of violence. In our case ›nonviolent‹ is simply a descriptive term meant to more easily distinguish between the use of violent tactics and the use of civil resistance tactics. In most of the cases we studied, non-violent resistance was used strategically as it was thought to be the most effective way to wage a struggle.[15]

Wenn Menschen den Begriff »gewaltfrei« hören, denken sie oft an passiven Widerstand, der die sehr aktive Rolle der Zivilbevölkerung bei der Verfolgung des Konflikts verschleiert. Andere denken an prinzipielle Gewaltlosigkeit, die sich auf eine moralische oder spirituelle Entscheidung oder Haltung bezieht, die den Einsatz von Gewalt vermeidet. In unserem Fall ist ›gewaltfrei‹ einfach ein beschreibender Begriff, der die Unterscheidung zwischen dem Einsatz von Gewalttaktiken und dem Einsatz von zivilen Widerstandstaktiken erleichtern soll. In den meisten der von uns untersuchten Fälle wurde der gewaltfreie Widerstand strategisch eingesetzt, da man ihn für die effektivste Art und Weise hielt, einen Kampf zu führen.

Es existieren unterschiedliche Begriffe (die wissenschaftliche Diskussion um definitorische Feinheiten hebe ich mir für die Doktorarbeit auf): Manche Wissenschaftler*innen schreiben vom zivilen Widerstand, andere nennen es gewaltlose und gewaltfreie Aktionen und wiederum andere nutzen den Ausdruck vom zivilen Ungehorsam. Mit einem Begriff tue ich mich jedoch schwer: Der »Aktivist*in« oder »Aktion«, denn ich habe oft genug erlebt, wie mir Menschen das Wort spöttisch, augenrollend und mit abfälligem Unterton entgegenschleuderten. Das untermauert auch eine Studie von Infratest dimap, die 2022 vom WDR in Auftrag gegeben wurde.[16] Die Studie zeigt, dass 63 Prozent der Befragten etwas Negatives oder sogar sehr Negatives mit dem Wort Aktivist*in verbinden. Ich bevorzuge daher Begriffe wie »Protest« oder »Widerstand«, die bisher noch keine falschen (mediengemachten) Vorstellungen in den Menschen hervorrufen.

In diesem Buch geht es mir nämlich vor allem um die Inhalte. Und dabei fallen besonders zwei Aspekte auf, die auch in Protesten 1989, auf Helgoland oder in der Anti-Atomkraft-Bewegung sowie in allen anderen Beispielen zentral sind.

Erstens: Ziviler Widerstand ist eine strategische Methode. Zweitens: Er ist immer friedlich.

Besonders der erste Punkt bietet eine gute Gelegenheit, denjenigen, die sich darüber aufregen, wie kopflos Menschen im Protest agieren, zu erzählen, wie durchdacht ziviler Widerstand eigentlich ist. Dass ich kein trotziges Kind bin, das sich aus spontaner Wut auf den nassen Asphalt der Berliner Autobahn setzt oder vor dem Kanzleramt in den Hungerstreik tritt. Dass ziviler Widerstand keineswegs ein »verzweifelter Akt« oder »letztes Mittel« ist, welches unkontrolliert eingesetzt wird.

Eins der häufigsten Missverständnisse über den zivilen Widerstands ist, dass er aus plan- und wahllosen Protesten bestehen würde.

Das Gegenteil ist der Fall: Bei jedem Protest habe ich mich beziehungsweise hat eine Gruppe sich *bewusst* und *strategisch* entschieden, genau diese Methode zu wählen. An diesem Ort. Zu diesem Zeitpunkt. Mit diesen Folgen.

Dazu ein historisches Beispiel: Nelson Mandela begann sich Mitte des 20. Jahrhunderts gegen das Apartheidregime in seinem Heimatland Südafrika einzusetzen. Während er in den 1960er Jahren zunächst gewaltsamen Widerstand befürwortete, wendete er sich später gewaltfreien Methoden zu und legte damit einen der Grundsteine für das Ende des Apartheidregimes in Südafrika. In einem Gespräch mit Richard Stengel, einem ehemaligen Redakteur des TIME Magazine, machte er einmal eine interessante Unterscheidung zwischen seinem Widerstand und den Ansätzen von Martin Luther King und Gandhi. Dabei brachte er den strategischen Grundgedanken des zivilen Widerstands auf den Punkt. So soll er gesagt haben: »Ich war nicht wie sie [gemeint sind King und Gandhi]. Für sie war Gewaltlosigkeit ein Prinzip. Für mich war es eine Taktik.«[17]

Er wählte die Gewaltlosigkeit, so lässt sich dieser Satz interpretieren, weil er dachte, dass er mit ihr die besten Chancen haben würde. Es ist wichtig, diesen Unterschied zu benennen. Ich stimme Mandela aber trotzdem nur in Teilen zu, denn auch Gandhi und Martin Luther King waren sehr strategisch handelnde Widerständler, darauf komme ich später im dritten Kapitel noch mal zurück.

Unabhängig von strategischen Überlegungen kann ich mich mit dem zivilen Widerstand auch aus moralischer Sicht am besten identifizieren. Ich könnte mir nie vorstellen, Gewalt gegen andere Menschen anzuwenden oder jemandem weh zu tun. Ich möchte mich immer friedlich verhalten. Es würde sich für mich nicht richtig anfühlen, bei den Menschen, die mich auf der Straße bespucken, zurück zu spucken – geschweige denn, irgendwem in irgendeinem Zusammenhang Gewalt anzutun. Das einmal auszusprechen, ist mir sehr wichtig. Trotzdem wähle ich den zivilen Widerstand auch aus strategischen Gründen.

Es ist also nicht richtig, den zivilen Widerstand ausschließlich mit Ethik und Gutmütigkeit zu verbinden. Der zivile Widerstand hat ein Ziel und folgt einem genauen Plan. Das zeigen auch die Beispiele aus der Vergangenheit: So wurde vor den Helgoland-Fahrten von René Leudesdorff und Georg von Hatzfeld eine ganz konkrete Aufgabenliste geschrieben. Die beiden überlegten, welche Symbole sie nutzen und welche Fahnen sie hissen sollten, um ihren Wunsch nach einem friedlichen Europa so klar und gut verständlich wie möglich auszudrücken. Sie hatten ausreichend Proviant dabei und sich auch schon im Vorfeld überlegt, wie ihr Protest durch die Medien bekannt gemacht werden könnte. Mit den Journalist*innen, die sie auf die Insel begleiteten, gab es Absprachen, ab wann frühestens Berichte erscheinen durften. Das hatte strategische Gründe, denn die beiden Widerständler wollten den Erfolg ihres Protests nicht unnötig gefährden, indem Informationen zu früh durchsickerten.

Auch heute gehört gezielte Medienarbeit zum zivilen Widerstand, denn ohne die breite Wahrnehmung der Öffentlichkeit – für die es wiederum die klassischen Medienkanäle braucht – können wichtige strategische Ziele (wie das Aufzeigen von Repressionen und die Aktivierung weiterer Widerständler*innen) nicht erreicht werden. Die Einbeziehung von Journalist*innen, die (wenn auch meist äußerst kritisch) berichten, ist ein wichtiger Teil dieser Methode – allerdings bei weitem nicht der einzige!

Wenn wir bei der *Letzten Generation* einen Protest planen, arbeiten wir teils monatelang darauf hin, in vielen Meetings werden die Details geplant, in Seminaren trainieren wir die Gewaltfreiheit auch in angespannten Szenarien.

Deswegen macht es mich auch immer fuchsig, wenn Menschen sagen, es gehe beim zivilen Widerstand ausschließlich darum, mediale Aufmerksamkeit zu erregen.

Es ist so viel mehr!

Den zivilen Widerstand kann man sich vorstellen wie ein Schachspiel. Es ist eine hochkomplexe Angelegenheit, bei der es darum geht, die richtigen taktischen Züge zu machen und seine Ziele bestmöglich zu erreichen. Apropos Schach: Ein Zitat aus der Netflix-Serie »Das Damengambit« fasst es für mich gut zusammen. In der Szene beschreibt die Protagonistin, eine junge, sehr begabte Schachspielerin, was das Spiel für sie bedeutet:

> Es ist eine ganze Welt aus nur 64 Quadraten. Ich fühle mich sicher darin. Ich kann sie kontrollieren, ich kann sie dominieren und es ist alles vorhersehbar. Wenn ich zu Schaden komme, liegt das ausnahmslos an mir.[18]

Und so geht es auch mir, wenn ich einen friedlichen Protest plane. Natürlich kann man nie alles ganz genau vorhersagen, aber ich kann zumindest sichergehen, dass ich alles mitgedacht habe. So überlegen wir bei der *Letzten Generation* beispielsweise bei einer Blockade genau, wer die Menschen sind, die in Protest gehen. Wir stellen sicher, dass alle in Friedlichkeit trainiert sind, dass Menschen vor Ort sind, die die Widerständler*innen unterstützen, falls sie etwas benötigen, dass wir Gewalt, die von der Polizei oder von Autofahrer*innen ausgeht, für die Öffentlichkeit dokumentieren, dass möglichst viele Leute von dem Protest mitbekommen, dass neue Menschen, die uns helfen wollen, integriert werden, dass jemand den Überblick behält, wie viele Menschen verhaftet werden, dass die Menschen, wenn sie freigelassen werden, an der Polizeistation von uns empfangen werden und auch psychologische Betreuung angeboten wird – dass die Blockade ein »Schachzug« ist, der zum größeren Plan passt.

Eine weitere zentrale Aussage der eingangs formulierten zwei Aspekte, die zivilen Widerstand auszeichnen, steckt im Adjektiv »friedlich«. Protestierende lassen sich von diesem Grundsatz immer leiten:

Es wird keine Gewalt gegen Menschen angewandt.

Das bedeutet, wenn ich in den Widerstand gehe, versuche ich in den angespannten Situationen, die mich erwarten, stets höflich und wertschätzend zu sein, gleichzeitig aber auch authentisch zu bleiben.

Als ich zu den Anfangszeiten der *Letzten Generation*

rund zwei Monate lang mehrmals wöchentlich Widerstand geleistet habe, habe ich in dieser Zeit darauf geachtet, keinen Alkohol zu trinken, gesund zu essen und einigermaßen ausreichend zu schlafen. Man bereitet sich darauf vor wie auf einen Marathon, zu dem man topfit sein muss. Nur so schafft man es, selbst in Extremsituationen, in denen es zu Gewalt von anderen Bürger*innen oder der Polizei kommen kann, absolut ruhig und friedlich zu bleiben. So summe ich mir gegen aufkommende Anspannung leise ein Lied vor, um mich runterzubringen. Und ich achte darauf, dass meine Bewegungen langsam sind. Menschen, die bei mir schon einmal ein Training gemacht haben, kennen den Spruch, den ich in diesem Zusammenhang immer wieder sage:

»Es gibt keine Situation, in der man rennen sollte.«

Rennen wirkt immer hektisch und aufgeregt, und das ist ein Zustand, den wir nicht erreichen wollen. Es geht darum, sich auf allen Ebenen friedlich zu verhalten, um das volle Potenzial des zivilen Widerstands entfalten zu können – warum, das erkläre ich in Kapitel 3 noch genauer.

Gewaltfreiheit wird richtig trainiert, das ist nicht nur bei der *Letzten Generation* so, das war auch bei Sit-ins, einer gewaltfreien Protestform, die vor allem seit den 1960er Jahren von der Bürgerrechtsbewegung im Kampf gegen die Diskriminierung von Afroamerikaner*innen genutzt wurde, schon üblich. Damals wurden kleine Zettel verteilt, auf denen stand, wie sich die Menschen verhalten sollten. Als ich zum ersten Mal auf eine solche Liste bei der Recherche für meine Masterarbeit gestoßen bin, dachte ich zuerst, das sei ein

Scherz. Denn da stand, dass Protestierende stets freundlich bleiben sollten, nicht fluchen, aber auch nicht laut lachen – und dabei am besten gerade sitzen sollten. Auch sollte darauf geachtet werden, dass sie mit ihrem Verhalten keine Gewalt provozieren, um die Bewegung damit zu diskreditieren:

> *Don't give the state, the security forces, bystanders or counter-protesters an opportunity and an excuse to hurt you (...)*[19]

> Geben Sie dem Staat, den Sicherheitskräften, den Schaulustigen oder den Gegendemonstranten keinen Vorwand und keine Rechtfertigung, Sie zu verletzen (...)

Im ersten Moment kam mir das ziemlich übertrieben und aufgesetzt vor, doch ich verstand schnell, dass dieses friedliche Benehmen im zivilen Widerstand verdammt wichtig ist. Daher sind diese Aufforderungen auch kein Einzelfall. Auch in der Nikolaikirche in Leipzig findet sich ein ähnlicher Appell, den die Menschen damals bei den Protesten ausgehändigt bekommen haben, als einige der Demonstrationen in Gewalt zu münden drohten. Mit der Schreibmaschine geschrieben und auf dem mittlerweile vergilbten Papier steht dort sinngemäß, was im Großen und Ganzen bis heute noch gilt:

> Enthaltet euch jeder Gewalt!
> Durchbrecht keine Polizeiketten, haltet Abstand zu Absperrungen!

Greift keine Personen oder Fahrzeuge an!
Entwendet keine Kleidungs- oder Ausrüstungs-
  gegenstände der Einsatzkräfte!
Werft keine Gegenstände und enthaltet euch
  gewalttätiger Parolen!
Seid solidarisch und unterbindet Provokationen!
Greift lieber zu friedlichen und phantasievollen
Formen des Protests![20]

Friedlich zu bleiben, auch bei größtem äußerem Druck, auch unter Schmerzen, das ist nicht immer einfach – klar.

»It is the way of dedication, hard work and courage«, sagt Betty Williams in ihrer Rede anlässlich der Verleihung des Friedensnobelpreises 1977: »Es ist der Weg der Hingabe, der harten Arbeit und des Mutes.«[21]

Mir ist es auch nicht immer gelungen, in aufgeheizten Situationen auf der Straße ruhig zu bleiben, ich habe selbst schon zurückgeschrien, als mich eine Person zum gefühlt hundertsten Mal angebrüllt hat, dass wir Klima-Chaoten seien und auf Ewigkeiten weggesperrt gehörten.

Ich beobachte auch bei anderen Menschen, die mit mir auf der Straße sitzen, dass manchmal die Nerven blank liegen. Besonders im direkten Kontakt mit Polizist*innen auf der Straße wird dann bewusst gestichelt oder schnippisch reagiert.

Dabei empfinde ich eigentlich schon lautes Lachen als unangemessen, weil es in der Situation darum geht, die Ernsthaftigkeit des Protests zu zeigen. Aber diese kleinen emotionalen Ausrutscher sind menschlich, gerade in Situationen großer Anspannung. Was ich jedoch bisher noch nie erlebt habe, ist, dass Menschen, die sich im Vorhinein gut vorbereitet und bewusst auf Gewaltfreiheit trainiert haben, dennoch gewalttätig werden. Noch nicht einmal, wenn ihnen selbst Gewalt angetan wird. Ich habe gesehen, wie Menschen bedroht, bespuckt, weggezerrt, geschlagen und angefahren werden. Wie auf öffentlichen Straßen Schmerzgriffe angewandt, den Protestierenden Arme verdreht und Nervendruckpunkte gedrückt werden. Doch alle Protestierenden, die ich beobachten konnte, sind dennoch friedlich geblieben! Das müssen sie auch – denn das ist einer der Schlüssel zum erfolgreichen zivilen Widerstand. Denn jede Form von Gewalt würde der Gegenseite argumentativ in die Hände spielen. Im Sinne von: Seht ihr, das sind doch alles gewaltbereite Radikale, genau wie wir es immer vermutet haben. Die sind eine Gefahr für die Bevölkerung, die müssen die starke Hand des Rechtsstaats spüren und gehören eigentlich alle hinter Gitter.

Gerade am Anfang der Proteste las ich immer wieder die Erzählung in der Presse – und etliche Politiker*innen bedienen das auch –, dass die Proteste vielleicht am Anfang noch friedlich sind, aber sich im Laufe der Zeit auf jeden Fall radikalisieren werden. Mit diesem Scheinargument hat der Vorsitzende der CSU-Landesgruppe im Deutschen Bundestag, Alexander Dobrindt, sogar höhere Strafen für die Protestierenden der *Letzten Generation* gefordert, um einer vermeintlichen Radikalisierung der Klimabewegung entgegenzuwirken. »Die Entstehung einer Klima-RAF muss verhindert werden«,[22] so Dobrindt wörtlich.

Auf den ersten Blick erscheint der Gedanke verständlich: Wenn Menschen immer frustrierter und verzweifelter werden, dann greifen sie auch zu anderen Mitteln – oder etwa nicht? Ich kann nur für mich selbst und meine strategischen Entscheidungen für die *Letzte Generation* sprechen, aber ich bin in diesem Punkt ganz klar:

Die Gewaltfreiheit und Friedlichkeit sind für mich ein Grundsatz, von dem ich überzeugt bin und von dem ich nicht abweichen werde.

Side note: Ich finde es in diesem Zusammenhang sehr spannend, dass Radikalität häufig mit Gewalt gleichgesetzt wird. Wenn ich jetzt darüber nachdenke, dann ist gewaltfreier Widerstand doch auch äußerst radikal, und zwar in dem Sinne, dass wir Protestierende von einem Ziel und Zweck so überzeugt sind, dass wir Hungerstreiks eingehen oder uns auf die Straße kleben. Für mich hat aber beides – trotz des radikalen Charakters – nichts mit Gewalt zu tun.

Wenn etwas nicht funktioniert, und ich frustriert bin, habe ich trotzdem keinen Zweifel an der Effektivität des zivilen Widerstands – sondern überlege, wie ich ihn noch besser anwenden kann. Ich sehe deswegen bei Bewegungen, die den zivilen Widerstand in seinem Kern verstanden haben, keine Gefahr der gewaltvollen Radikalisierung. Und sollte aus welchem Grund auch immer Gewalt auftreten, dann geht es darum, diese möglichst schnell von dem friedlichen Protest zu trennen.[23]

In diesem Kontext taucht immer wieder das Konzept der *agents provocateurs*, der Provokateure, auf, die sich unter Protestierende mischen. Das klingt jetzt erst einmal abgedreht, ist aber tatsächlich »eine ziemliche Routine«, wie der US-amerikanische Wissenschaftler und Publizist Noam

Chomsky in einem Interview mit dem Journalisten Chris Steel 2012 in Bezug auf soziale Bewegungen in den USA sagte[24]. Es handele sich dabei um Menschen im Auftrag des Staates, die versuchen würden, die Friedlichkeit der Gruppe aufzubrechen, um Gewalt hervorzurufen.[25] Auch dabei geht es letztlich wieder um öffentliche Diskreditierung.

Ein Beispiel, das in diesem Zusammenhang immer wieder genannt wird, ist ein Protest der US-amerikanischen Bewegung *Occupy Wall Street* im Oktober 2011. Eine Gruppe angeblicher Widerständler, die niemand bei früheren Protesten gesehen hatte, begann plötzlich zu randalieren und andere Menschen zu Gewalt und Vandalismus anzustiften. Dadurch hatte die Polizei einen Grund, in das Chaos einzugreifen; friedlich Protestierende wurden dabei verprügelt und gewaltsam von dem Platz vertrieben. Es wurde relativ schnell klar, dass diese *agents provocateurs* zum Ziel hatten, der Bewegung zu schaden.

Viele Menschen gehen wahrscheinlich davon aus, dass das in Deutschland nicht passieren kann. Ausschließen will ich es jedoch nicht. Nur wenige Provokateure werden identifiziert oder entlarvt, sodass das Problem mit Sicherheit größer ist, als den meisten Protestierenden bewusst ist. Doch auch der Gefahr von Provokateuren kann man mit Trainings, klaren niedergeschriebenen »Verhaltensregeln« wie bei den Montagsdemonstrationen und möglichen Ausschlussprinzipien entgegenwirken.

Jetzt komme ich zu einem Punkt, der enorm wichtig ist, aber in den Definitionen des zivilen Widerstands auf den ersten Blick gar nicht klar hervorgeht. In der Praxis ist es aber etwas, was sofort auffällt:

Der zivile Widerstand ist unglaublich vielfältig!

Schon Gene Sharp veröffentlichte 1973 im zweiten Band seines Buches *The Politics of Nonviolent Action* (Die Politik der gewaltfreien Aktion) eine Liste, auf der er 198 Methoden des gewaltfreien Widerstands zusammenstellte.[26] Seither ergänzen Menschen diese Liste online immer wieder um neue Taktiken, es sind nun schon über 360.[27] Ich habe einige von Sharps Methoden ausprobiert, manche haben besser geklappt, andere stellten sich als weniger effektiv heraus.

Manches habe ich intuitiv schon angewandt, bevor ich überhaupt zum ersten Mal ein Buch von Sharp in der Hand hatte. Ich hatte also Taktiken des zivilen Widerstands genutzt, ohne mir dessen auf theoretischer Ebene bewusst zu sein – vermutlich geht es vielen Leser*innen ähnlich. Angefangen habe ich mit Petitionen und Briefen, in denen ich an meine Universität appellierte, mehr veganes Essen anzubieten. Ja, solche kleinen Sachen zähle ich auch dazu, weil sie dazu dienen, den Status quo zu verändern. Das hat damals erstaunlich gut geklappt, und ich und andere Studierende konnten die Kantinenbetreiber*innen offenbar überzeugen – in der nächsten Woche gab es am Nachmittag bereits veganen Kuchen und Kekse. Schnell jedoch merkte ich, dass ich mit Petitionen an die Bundesregierung, um sie zu mehr Klimaschutz zu bewegen, nicht so weit kam. Heute nutze ich die Möglichkeiten des Briefeschreibens kaum noch.

Eine andere bekannte Methode ist das Demonstrieren, das viele Menschen zusammenbringen kann. Ich bin bei *Fridays for Future* mitgelaufen und überzeugt, dass die Millionen Schüler*innen auf den Straßen einen großen Beitrag geleistet haben, die Klimakrise medial und in der öffentlichen Debatte präsenter zu machen.

Auch, dass das Bundes-Klimaschutzgesetz 2021 als teilweise verfassungswidrig eingestuft wurde und schließlich verschärft werden musste, ist dieser Bewegung zu verdanken, selbst wenn die Regierung immer wieder versucht, die dort festgelegten Ziele aufzuweichen, wie wir es zuletzt etwa bei den Sektorenzielen gesehen haben.

Ich denke aber, dass die Demonstrationen noch effektiver sein könnten. Wenn sie über einen längeren Zeitraum mit Tausenden von Menschen stattfinden würden und so eine immense Kraft entwickeln könnten, dass der Politik einfach nichts anderes übrigbliebe, als endlich entschieden etwas gegen die Klimakrise zu tun.

Großes Potenzial sehe ich immer noch in den flächendeckenden Schulstreiks, wie in den Anfängen von *Fridays for Future*. Als junge Menschen sagten: »Da mache ich nicht mehr mit!«, »Ich kehre erst ins Klassenzimmer zurück, wenn ihr wirklich etwas ändert!«, hatte das eine große Wirkung und meiner Meinung nach am meisten Druck auf die Politik ausgeübt, der aber leider mit der Zeit immer weiter abflachte.

Der Hungerstreik, in den ich und weitere Menschen der *Letzten Generation* zur Zeit des Bundestagswahlkampfes 2021 traten, war eine der mächtigsten Methoden, die ich ausprobiert habe, aber auch eine, für die ich über meine Grenzen gehen musste.

Für mich war von Anfang an klar, dass ich diese Methode niemals leichtfertig einsetzen würde, und ich war mir der gesundheitlichen Gefahren bewusst. Im Anblick der gesellschaftsbedrohenden Klimakrise war es für mich jedoch ein legitimes Mittel und vertretbar, ein so hohes persönliches Risiko einzugehen.

Der Hungerstreik war sehr effektiv. Je größer die mediale Aufmerksamkeit und der Aufschrei (oder auch: die Empörung) aus der Bevölkerung wurden, je gesundheitlich schlechter es den Hungerstreikenden ging, desto mehr Handlungsdruck entstand. Verstärkend kam hinzu, dass sich die Politiker*innen gerade im Wahlkampf befanden und dadurch umso mehr davon abhängig waren, dass die Bevölkerung und ihre Wähler*innen ihnen wohlgesinnt waren. Wobei wir mit dem Streik nicht die Wahl beeinflussen wollten, sondern die politischen Entscheidungen, die danach getroffen werden würden.

Generell finde ich aber jede Form von Streiks immer wieder beeindruckend. Wenn die Bahn streikt, dann hat das einen riesigen Effekt und kann einen gewaltigen Druck nach oben ausüben, da so viele Menschen davon abhängig sind. Auch ich war schon betroffen, mein Zug fiel aus, und ich musste eine Reise verschieben. Natürlich war ich genervt. Habe innerlich die Augen gerollt. Aber klar: Ein Streik ist ein legitimes Mittel, das musst du aushalten, wenn du in einer Demokratie lebst.

Während ich diese Zeilen schreibe, haben die Gewerkschaft ver.di und die Eisenbahn- und Verkehrsgewerkschaft (EVG) nach gescheiterten Verhandlungen mit den Arbeitgebenden einen gemeinsamen Großstreik angekündigt. 24 Stunden wollen Hunderttausende Beschäftigte ihre Arbeit niederlegen und dadurch den Fern- und Nahverkehr massiv einschränken. Das Ziel: Gemeinsam den Druck auf die Arbeitgebenden zu erhöhen. Der Streik ist das Thema Nr. 1 in den Medien, und von allen Seiten aus dem Familien- und Freundeskreis erreichen mich Nachrichten, dass ich das bei meinen Reisen berücksichtigen sollte – es ist also sehr effektiv.

Hier kann es auch zu Synergie zwischen den einzelnen Bewegungen kommen. So hat die Klimagerechtigkeitsbewegung schon sehr bewusst versucht, den Schulterschluss zwischen Gewerkschaften und der Klimabewegung zu schaffen mit der Message: Eine sozial gerechte und nachhaltige Verkehrspolitik geht nur gemeinsam, und wir müssen uns gegenseitig unterstützen.[28]

Der Streik ist also ein machtvolles Mittel. Dagegen finde ich zum Beispiel, dass der Boykott als Widerstandsmethode immer noch unterbewertet ist. Wir können als Bevölkerung Waren, Marken und Handelskonzerne boykottieren und damit gerade in der Wirtschaft sehr schnell sehr wirkmächtig werden. Denn sobald es den Konzernen finanziell empfindlich weh tut, reagieren sie meist schnell.

Es wäre wirklich zu überlegen, mal einen Streik oder Boykott zu organisieren, um eine der vielen Missverhältnisse in der Wirtschaft oder der Politik anzugehen. Wenn das ganze Land dann innehält, hätte das einen unglaublichen Effekt!

Eine weitere, weniger bekannte Methode ist der Lachtivismus, von »Lachen« und »Aktivismus« oder englisch »laughtivism«.

Geprägt wurde er von Srđa Popović, dem Mitbegründer von Otpor!, der serbischen Widerstandsbewegung gegen Slobodan Milošević. Srđa Popović und weitere Protestierende hatten zum Beispiel die Idee, Miloševićs Gesicht auf ein Fass zu malen, das sie auf eine Straße in der Belgrader Innenstadt stellten. Dazu legten sie einen Baseballschläger und forderten mit »Schlag ihm die Fresse ein. Nur ein Dinar« die Vorbeikommenden auf, selbst Hand anzulegen. Diese machten davon auch weitreichenden Gebrauch, und die Schläge waren so laut, dass sie die Polizei auf den Plan riefen. Doch sollten sie harmlose Passant*innen festnehmen, die auf ein Fass einschlugen? Die Polizist*innen wollten sich nicht lächerlich machen und »verhafteten« dann doch lieber nur das Fass.

»Unser Witz landete auf der Titelseite zweier oppositioneller Zeitungen, und das war buchstäblich unbezahlbare Werbung. Das Bild sagte mehr als tausend Worte: Wer es sah, wusste, dass Milošević gefürchtete Polizei nicht mehr war als ein komischer Haufen unfähiger Trottel«, schreibt Srđa Popović[29] und erläutert an anderer Stelle die Methode des Lachtivismus: »Man nimmt ein wichtiges Thema und man baut eine kreative Aktivität drum herum, die den Gegner in ein Dilemma bringt. Wenn sie es kaputt machen, sehen sie blöd aus, und wenn sie es nicht kaputt machen, sehen sie schwach aus. Das ist eine sehr strategische Art zu denken, und wir suchen nach solchen strategischen Handlungskonzepten auf der ganzen Welt.«[30]

Die Wissenschaftlerin Majken Jul Sørensen hat Humor als Methode des gewaltfreien Widerstands erforscht und schreibt ihm die besondere Fähigkeit zu, die Macht der dominanten Diskurse zu brechen, weil die Mehrdeutigkeit und Unvorhersehbarkeit des Humors es schwierig mache, auf diese Form des politischen Protests zu reagieren, wenn er in der Öffentlichkeit stattfindet.

Humorvolle politische Proteste können daher die Staatsmacht herausfordern, dazu beitragen, Gesetzesänderungen zu beeinflussen und einen wichtigen Beitrag zu den Diskussionen darüber leisten, wie Gesellschaften organisiert werden sollten.[31]

Zwar reicht der Lachtivismus allein nicht, um Forderungen durchzusetzen, er ist immer ein Teil einer größeren Strategie, aber über Ironie und Humor lassen sich politische Inhalte sehr gut aufgreifen und herausstellen.

So haben wir mit der *Letzten Generation* zum Beispiel Kartoffeln mitten im schicken Regierungsviertel gepflanzt, um auf die Lebensmittelverschwendung aufmerksam zu machen. Die Kommentare der vorbeispazierenden Passant*innen waren sehr kreativ, und wir sind darüber ins Gespräch gekommen. Viele Menschen haben uns Ratschläge gegeben, zu welcher Zeit und mit welchen Methoden man am besten etwas anpflanzt, um eine reiche Ernte einzufahren. Dabei wurde natürlich auch viel gelacht – das alles hat unser Thema weiter nach vorne gebracht.

Aber ich reflektiere manchmal selbst über Methoden, die ich probiert habe. Sind es die richtigen? Sind sie genügend effektiv? Die Straßenblockaden haben sehr polarisiert – gleichzeitig ist es eine der wenigen Methoden, die so eine große Störung hervorruft und die beliebig wiederholbar ist, da es unendlich viele Straßen gibt (nicht wie ein Regierungsgebäude, wo man einfach Sicherheitspersonal abstellen kann). Bisher habe ich noch keine Methode gefunden, die einen ähnlichen Effekt erzielt und mich deswegen immer wieder dafür entschieden. Es ist also ein Spannungsfeld, auf dem man sich bewegt, und immer ein Abwägen, welche Methoden des zivilen Widerstands man wählt.

Wenn ich von den Protestformen des zivilen Widerstands erzähle, höre ich häufig: »Das können ja alle machen, egal welche Ziele sie verfolgen.« Dahinter steht die Sorge, dass ziviler Widerstand missbraucht und zum Beispiel für rechte Ziele eingesetzt werden kann. Diese Befürchtung kann ich gut nachvollziehen. Und es ist ja auch so, dass wir einen Anstieg von zivilem Widerstand im rechten Kontext sehen, beispielsweise bei den Protesten gegen Einwanderung oder während der COVID-19-Pandemie.[32]

Ich bin mir sicher, dass sich auch rechte und extremistische Bewegungen mit Chenoweth, Sharp und Co. beschäftigt haben, und das nicht zu thematisieren macht einen gefährlichen Raum auf und hilft nicht, dieses Phänomen zu verstehen. Bei ihren Aktionen klammern sie aber das Moralische, Wertorientierte aus und verfolgen keine gerechtigkeitssuchenden Ziele, was bei vielen Definitionen des zivilen Widerstands aber die Grundlage ist.

Ziviler Widerstand besitzt eben Legitimität, weil er fest mit der Demokratie verbunden ist. Protestierende wollen ja gerade damit ihre demokratische Pflicht als Bürger*innen wahrnehmen. Rechte und andere extremistische Gruppen vertreten dagegen eine Haltung, die den Staat, die Gesellschaft, die freiheitlich demokratische Grundordnung in Frage stellt, wie es der Präsident des Bundesamtes für Verfassungsschutz, Thomas Haldenwang, beim Demokratie-Forum im Hambacher Schloss[33] zusammenfasste.

Es geht im zivilen Widerstand darum, demokratische Werte zu vertreten und friedlich zu bleiben.

Der zivile Widerstand ist vielseitig, und man kann mit ihm große soziale und politische Veränderungen erreichen. Und mehr Demokratie und Gleichberechtigung. Dazu gehört auch, die Störungen, die der Protest im Alltag auslöst, auszuhalten. Der ZEIT-Journalisten Heinrich Wefing kommentiert die April-Proteste 2023 in Berlin: »Im Ernst? Das soll jetzt schon zu viel sein? Das soll die Grenzen des Erträglichen bereits überschritten, das Maß des gerade noch Akzeptablen gesprengt haben? Mehr glauben wir nicht ertragen zu können an Widerspruch, Provokation, Nerverei? (...) In der Demokratie geht es nicht darum, dass die Mehrheit ihre Ruhe hat, sondern darum, dass die Minderheit laut werden darf. Meinungsfreiheit und Versammlungsfreiheit sind disruptive Grundrechte. Sie schützen vor allem die, die den Konsens aufkündigen, die herrschende Meinung in Frage stellen und heftig widersprechen. Diesen Schutz gibt es nicht um des Nervens willen, nicht aus Spaß an der Ruhestörung, sondern weil Raum garantiert werden muss für Zweifel. Den Zweifel, ob die Minderheit nicht vielleicht doch recht hat?«[34]

Ohne zivilen Widerstand wäre Deutschland womöglich immer noch geteilt. Als Frau hätte ich nicht das Recht zu wählen. Wir würden als Arbeitnehmer*innen nicht die 5-Tage-Woche genießen.

Mein großes Vorbild, die US-amerikanische Bürgerrechtlerin Diane Nash, hat es 2017 in einem Interview in der britischen Zeitung *The Guardian* so ausgedrückt:

Non-violent protest was the most important invention of the 20th century.[35]

Friedlicher Protest war die wichtigste Erfindung des 20. Jahrhunderts.

Dazu würde ich gern ergänzen: Und ziviler Widerstand ist es, was uns im 21. Jahrhundert aus der größten Krise der Menschheit, der Klimakatastrophe, herausführen kann.

2

Gefährlich?
Oder:
Warum ziviler Widerstand
die Demokratie stärkt,
nicht schwächt

Besonders Politik und Medien verurteilen den zivilen Widerstand scharf und ziehen immer wieder Vergleiche, die ihn als antidemokratisch darstellen. Dass das Gegenstrategien sind, um die Proteste kleinzuhalten, ist vielen Wissenschaftler*innen klar. Und sie halten dagegen: Der zivile Widerstand ist in der Entstehungsgeschichte der allermeisten Demokratien historisch fest verankert, und erst durch zivilen Widerstand sind viele demokratische Rechte erstritten worden. Ich frage mich, welches Demokratieverständnis haben wir aktuell in Deutschland, wenn vielen der zivile Widerstand offenbar so verdächtig vorkommt? Und: Könnte unsere Demokratie nicht noch ein ganzes Stück demokratischer sein?

Es ist wieder Mittwoch. Schnell schlinge ich den letzten Bissen meines Mittagessens herunter. Ich will meinen Termin nicht verpassen und fahre den Computer hoch – der lädt mal wieder viel zu langsam. Ich öffne den Link, und schon schaue ich in eine kleine Runde mich anlächelnder Gesichter von Forscher*innen – manche von ihnen sind noch etwas verschlafen, bei ihnen ist es frühmorgens, für andere ist es der letzte Termin vor dem Schlafengehen. Nach einer auflockernden Begrüßungsrunde komme ich gleich dazu, das loszuwerden, was mich gerade sehr beschäftigt: »Ist ziviler Widerstand demokratisch?«, frage ich in die unterschiedlichsten Ecken der Welt.

Die Demokratiefrage treibt mich um, weil sich gerade eine mediale Debatte um die *Letzte Generation* hochgeschaukelt hat, ob die Protestform demokratisch ist oder nicht. Wenn ich mit Menschen darauf zu sprechen komme, hagelt es meistens schon Kritik, während ich gerade noch Luft hole. Es wird mir entgegengeworfen, dass es sich um eine erpresserische Methode handelt. Dass sie gegen unser demokratisches Recht verstößt. Dass sie kriminell ist. Meist komme ich gar nicht dazu, argumentativ und sachlich auf die Frage einzugehen, so aufgewühlt ist die Diskussion schon.

In Momenten, in denen mich solche Themen beschäftigen, schätze ich mich glücklich, im regelmäßigen Austausch mit anderen Wissenschaftler*innen zu sein. Seit Beginn meiner Doktorarbeit bin ich Teil dieses internationalen Netzwerkes, das sich mit zivilem Widerstand auseinandersetzt. In der Regel bearbeiten wir jeweils ein Thema pro Treffen und tauschen unser Wissen dazu aus. Gerade für mich als junge Forscherin ist das eine ungeheure Chance, mit bekannten Forscher*innen ins Gespräch zu kommen.

Obwohl ich mir sicher bin, die Antwort auf meine Frage zu kennen, verunsichert mich die ständige Kritik an der Demokratiefähigkeit des zivilen Widerstands. Aber ich denke, dass es gut ist, die eigene Haltung und Praxis immer wieder zu reflektieren und kritisch zu hinterfragen, und so will ich mich in der Runde zu diesem Thema rückversichern und hören, was die Expert*innen dazu sagen.

Doch erstmal ist es still. Niemand sagt etwas. Ich weiß nicht, wie das zu deuten ist und frage nach. Dann stellt sich heraus, dass viele die Frage gar nicht richtig verstanden haben, weil die Antwort für sie so offensichtlich ist: Alle sind sich einig, dass ziviler Widerstand und Demokratie tief miteinander verbunden sind. In einem lebhaften Durcheinander werden mir eine Vielzahl von Gründen genannt, warum ziviler Widerstand zutiefst demokratisch ist. Auf die wichtigsten will ich mich hier fokussieren.

Dass der zivile Widerstand eng mit der Entstehung der Demokratie verbunden ist, ist wissenschaftlich belegt, und auch dass er ein probates Mittel ist, Diktaturen zu stürzen.

So zeigt unter anderem die Studie *How Freedom is Won*[36] (Wie die Freiheit gewonnen wird) von 2005, dass in 70 Prozent der 67 untersuchten Länder, in denen Diktaturen seit 1972 gefallen sind, der zivile Widerstand eine entscheidende Rolle spielte.[37] Und darüber hinaus steigert ziviler Widerstand auch die Chancen, dass die Demokratie langfristig stabil bleibt und sich hält. Wie Forscherin Véronique Dudouet schreibt:

Nonviolent resistance is not just an effective means of deposing dictators. Our research shows it can also help consolidate democracy after the transition. (...) Democratic transitions emerging from peaceful protest movements last longer and achieve higher levels of democratic quality.[38]

Gewaltloser Widerstand ist nicht nur ein wirksames Mittel zum Sturz von Diktatoren. Unsere Forschung zeigt, dass er auch zur Konsolidierung der Demokratie nach dem Übergang beitragen kann. (...) Demokratische Übergänge, die aus friedlichen Protestbewegungen hervorgehen, halten länger an und erreichen ein höheres Maß an demokratischer Qualität.

Der zivile Widerstand ist also eine Methode, die eng mit den Anfängen vieler heutiger Demokratien verbunden ist. Für mich bedeutet das, dass wir über Demokratien eigentlich gar nicht reden können, ohne gleichzeitig über zivilen Widerstand zu sprechen. Aber ich weiß, das reicht manchen als Antwort noch nicht aus.

Einer der größten Kritikpunkte, der mir entgegengehalten wird, lautet, dass es antidemokratisch sei, zivilen Widerstand als politisches Mittel zu nutzen, weil es doch bereits bestehende demokratische Mittel wie beispielsweise Wahlen gibt. Das ist ein wichtiger Punkt, der aber auf einem Missverständnis beruht: denn beim zivilen Widerstand geht es nicht darum, andere demokratische Mittel aufzugeben.

Ja, ich gehe wählen, und ich möchte dieses Recht auch gern behalten. Gleichwohl sehe ich den zivilen Widerstand als ein demokratisches Mittel, das ergänzend dazu hervorragende Dienste leisten kann. Ziviler Widerstand ist für mich eine direktere Art, Demokratie zu leben. Darüber hinaus kann er Demokratien, die in Gefahr sind, nur noch auf dem Papier zu bestehen, stützen und verteidigen.

Zahlreiche Denker*innen und Philosoph*innen, wie etwa Hannah Arendt und Jürgen Habermas, haben deutlich gemacht, dass bestehende Demokratien auf zivilen Widerstand angewiesen sind, um sich selbst zu regulieren und ihre eigenen demokratischen Prinzipien zu stärken. Henry David Thoreaus 1849 erschienener Essay *Über die Pflicht zum Ungehorsam gegen dem Staat*[39] ist nur eins von vielen Beispielen. Oder wie einer der wenigen deutschen Professoren zu diesem Thema, Robin Celikates, 2019 in einem Gespräch im Deutschlandfunk dazu sagte:

> Es ist so, dass wir aus der Vergangenheit und aus der Gegenwart wissen, dass die Demokratie in verschiedenen Hinsichten für Verzerrungen und Manipulation anfällig ist. [...] Deswegen ist der Verweis darauf, dass wir eine demokratische Regierung haben, die das schon richten wird, nicht abschließend. Demokratie

lässt sich nicht reduzieren auf Wahlen und das, was im Parlament und in Regierungen beschlossen wird, sondern sie findet eben auch außerhalb der Institutionen statt.[40]

In dem Gespräch macht er deutlich, dass ziviler Widerstand eine demokratiefördernde Funktion hat, nicht zuletzt, weil er Gruppen, wie etwa sehr jungen oder benachteiligten Menschen, eine Stimme verschafft, die sonst auf anderen institutionalisierten Wegen verstummt. In seinem Buch *The Politics of Nonviolent Action*[41] (Die Politik der gewaltfreien Aktion) zeigt auch Gene Sharp, dass der zivile Widerstand darauf ausgelegt ist, konstruktive, friedliche Spannungen aufzubauen, damit sich eine Gesellschaft mit bisher verdrängten oder unerkannten Demokratiedefiziten beschäftigt und sich politische Institutionen und Prozesse verändern. Ich finde die Worte, die er wählt, wirklich treffend:

Some conflicts do not yield to compromise and can be resolved only through struggle.[42]

Manche Konflikte sind nicht kompromissfähig und können nur durch größtes Ringen gelöst werden.

Das umstrittene Thema Tempolimit zeigt, wie verzerrt politische Prozesse sein können: Statt angesichts der drängenden Klimakrise so schnell wie möglich alles umzusetzen, was machbar ist, scheitert es an diversen, zum Teil sehr fadenscheinigen Gründe, eine CO_2-reduzierende Geschwindigkeitsbegrenzungen auf den Weg zu bringen.[43] Obwohl es in der Bevölkerung eine wachsende Mehrheit gibt, die sich für die Einführung eines Tempolimits ausspricht, wie etwa der ARD-DeutschlandTrend 2021[44] belegt. Im Gegensatz zur Regierung werden andere Institutionen und gesellschaftliche Gruppen aktiv. So zum Beispiel die Initiative »Lebenswerte Städte durch angemessene Geschwindigkeiten«, zu der sich seit 2021 über 742 Kommunen zusammengeschlossen haben. Sie fordert vom Bund mehr Entscheidungsfreiheit, um Tempo 30 innerorts in bestimmten Zonen als Höchstgeschwindigkeit festzusetzen.[45] Und auch die evangelische Kirche sieht Handlungsbedarf: »Um dem Auftrag der Kirche für die Bewahrung der Schöpfung gerecht zu werden«, fasst sie 2022 einen Beschluss für ein Tempolimit auf Dienstfahrten. Bei allen PKW-Fahrten im kirchlichen Kontext gilt für Mitarbeitende der Evangelischen Kirche nun ein Tempolimit von 100 km/h auf Autobahnen und 80 km/h auf Landstraßen.[46]

Mehrheiten, die eine Geschwindigkeitsbegrenzung wollen, sind also da. Und trotzdem blockiert die Regierung (oder eher gesagt die FDP) die Einführung eines Tempolimits. Es wird immer wieder auf den Koalitionsvertrag gepocht, in dem es auf Druck der FDP heißt: »Ein generelles Tempolimit wird es nicht geben.«[47]

Man sieht an diesem Beispiel sehr klar, wie paradox die Politik da gerade agiert. Das heißt im Umkehrschluss:

Die Widerständigen leisten einen wichtigen Dienst für Staat und Gesellschaft! Sie bringen die Demokratie weiter – indem sie die Widersprüche des bestehenden Systems aufdecken.

Genauso verstehe ich meinen zivilen Widerstand. Ich leiste nicht, wie mir und anderen häufig vorgeworfen wird, um des Protests willen Widerstand, sondern meine Handlungen sind Ausdruck der Unzufriedenheit gegenüber bestimmten (Nicht-)Handlungen der Regierung, die fundamentale Grundwerte einer Gesellschaft betreffen. Und dagegen sagt sogar der Verfassungsschutz nichts. Mehrmals schon wurde die *Letzte Generation* untersucht und man kam zu dem Schluss, dass die Proteste keine Gefahr für die freiheitliche demokratische Grundordnung darstellen.

So sagte der Präsident des Bundesamtes für Verfassungsschutz, Thomas Haldenwang, beim Demokratie-Forum im Hambacher Schloss im November 2022, er erkenne gegenwärtig nicht, dass sich die *Letzte Generation* ein Beobachtungsobjekt für den Verfassungsschutz sei. Im Grunde sage die *Letzte Generation*: »He, Regierung, ihr habt so lange geschlafen, ihr müsst jetzt endlich mal was tun«, resümierte Haldenwang und attestierte der *Letzten Generation* ein hohes Demokratieverständnis: »Also, anders kann man eigentlich gar nicht ausdrücken, wie sehr man dieses System eigentlich respektiert, wenn man die Funktionsträger zum Handeln auffordert.«[48]

Ich bin davon überzeugt, dass ziviler Widerstand tief mit der Demokratie verbunden ist. Es frustriert mich, dass das überhaupt zur Debatte steht.
Und doch ist diese Debatte eine gute Möglichkeit, über die Demokratie zu sprechen und zu reflektieren, wo die Demokratiedefizite in Deutschland wirklich liegen.

In meinem Forschungskreis wurde immer wieder angeführt, dass es nämlich hochgefährlich ist, wenn uns Politiker*innen oder Medien das Gefühl vermitteln wollen, dass wir bereits in einer perfekten Demokratie leben, an der nichts oder nur sehr wenig reformbedürftig ist. Nirgends auf der Welt gibt es schon eine perfekte Demokratie. Vielmehr befindet sich jedes politische System in einem Spektrum. In diesem Spektrum sind Systeme mehr oder weniger demokratisch – keines ist jedoch vollkommen. Und die meisten Widerständler*innen versuchen ja mit ihrem Protest dazu beizutragen, dass die Demokratie noch demokratischer wird. Politisches Engagement und Partizipation sind das Herzstück einer Demokratie. Das Hinterfragen-Dürfen und Missstände-Aufzeigen zentrale Elemente dieser Staatsform.

Als Bürger*innen sollten wir uns also fragen: Ist das, was wir aktuell haben, die Form der Demokratie, die wir uns wünschen?

Ein System, in dem Politiker*innen getrieben sind, Mehrheiten zu finden, und in Koalitionen mit vielen sich gegenseitig lähmenden Kompromissen regieren zu müssen?

So sagte etwa der stellvertretende Bundeskanzler und Bundesminister für Wirtschaft und Klimaschutz, Robert Habeck, als er uns im Hungerstreik-Camp besuchte: »Die Frage ist doch nicht, welche wissenschaftlichen Studien an der Stelle recht haben, sondern, wie wissenschaftliche Erkenntnisse und das, was die Realität ist, politische Mehrheiten oder politische Wirklichkeiten verändert, das ist doch die Frage. Wir haben doch keinen Mangel an Studien, die sagen, wie scheiße es ist.« Aber die Mehrheiten sind eben entscheidend, wie Robert Habeck uns weiter erklärte: »Politische Veränderungen passieren in einer Demokratie, wenn man sich zu ihr bekennt, durch Mehrheiten, und die Mehrheiten musst du erringen«[49] – selbst wenn man Gefahr läuft, den Klimaschutz aus den Augen zu verlieren?

Zudem haben immer mehr Lobbyist*innen einen größeren Einfluss auf die Politik und finden oft viel mehr Gehör als einzelne Bürger*innen oder zivilgesellschaftliche Gruppen: 2021 gab es rund 6000 Lobbyist*innen in Berlin. Das sind knapp zehnmal so viele wie Parlamentarier*innen. Dabei sind »profitorientierte Lobbyisten«, wie Marco Bülow sie in seinem Buch *Lobbyland*[50] nennt, allein durch ihre finanziellen Ressourcen viel besser aufgestellt als gemeinwohlorientierte Interessensgruppen.

Dagegen wird Gruppen der Bevölkerung, wie zum Beispiel jungen Menschen unter 18 Jahren oder diskriminierten Menschen, das aktive Mitwirken an der Demokratie teilweise verwehrt und ihre Interessen wenig mitgedacht. Besonders deutlich wird das im Kontext der Klimakrise: Ältere Generationen treffen Entscheidungen, mit deren Auswirkungen vor allem die jüngeren Jahrgänge zurechtkommen müssen. Menschen, die viele Treibhausgase ausstoßen, bestimmen über Menschen, die davon betroffen sind. Wo bleibt da die gleichberechtigte Berücksichtigung von Interessen und Bedürfnissen aller Bevölkerungsgruppen in politischen Entscheidungsprozessen?

Ich persönlich habe momentan viele Ansatzpunkte der Kritik, und gehe auch in Kapitel 6 noch einmal weiter darauf ein, wie problematisch das politische System in meinen Augen gerade ist. Aber:

Es geht mir nicht darum, den Staat abzuschaffen, sondern darum, ihn zu verbessern.

Mehr direkte Mitbestimmung beispielsweise könnte unsere Demokratie nicht nur beweglicher, schneller und klimafreundlicher, sondern um ein großes Stück demokratischer machen. So könnten zum Beispiel Bürger*innenräte einberufen werden, bei denen per Los ausgewählte Menschen, die einen Querschnitt der Gesellschaft abbilden und von Expert*innen beraten werden, zusammenkommen und zu bestimmten Fragen oder Themen eine Antwort und Handlungsempfehlungen für die Politik ausarbeiten. Auch Stimmen, die sonst wenig Beachtung finden, weil sie keinen oder wenig Zugang zu politischen Entscheidungsfindungen haben, werden hier gleichberechtigt gehört. Klingt erst einmal utopisch? Wird aber in vielen Ländern wie etwa in Irland und in Belgien so gemacht und ist auch schon vor Jahrhunderten erfolgreich umgesetzt worden.[51]

Auch in Deutschland hatten wir schon mehrere Bürger*innenräte. Wolfgang Schäuble, Bundestagsabgeordneter und ehemaliger Bundestagspräsident, hob 2020 in der Süddeutschen Zeitung, ihre Bedeutung für die Zukunftsfähigkeit einer Demokratie hervor: Es gehe »nicht um eine Alternative zur parlamentarischen Demokratie, sondern um ihre Stärkung«.[52]

2021 wurde der »Bürgerrat Klima« vom ehemaligen Bundespräsidenten Horst Köhler einberufen, der Empfehlungen für die Klimapolitik Deutschlands entwickeln sollte. Leider werden die Ergebnisse dieser Bürger*innenräte bisher aber größtenteils von der Regierung ignoriert, da die sich – klar –

nichts vorschreiben lassen will. Das wird wohl auch eine der größten Herausforderungen für die drei Bürgerräte, die für die aktuelle Wahlperiode geplant sind, sein.

Ein Problem, dem man begegnen könnte, indem die Regierung öffentlich verspricht, die Ergebnisse ins Parlament einzubringen und dafür Überzeugungsarbeit zu leisten.[53]

Über die konkrete Einflussnahme auf die Politik bieten Bürger*innenräte darüber hinaus eine einzigartige Chance, Menschen mitzunehmen und an demokratischen Prozessen teilhaben zu lassen. Und das ist nur eine von vielen Arten, wie man die Politik transformieren kann.

Jetzt fragen wieder viele: »Warum gehst du nicht selbst in die Politik?« Ja, das hatte ich auch vor mit meinem Studium, und ich halte es auch für sinnvoll, dass die Politik von innen heraus verändert wird. Die Politikerin Aminata Touré, die 2019 in Schleswig-Holstein die erste Afrodeutsche und zugleich jüngste Vizepräsidentin eines deutschen Landtages wurde, hat 2021 dazu ein richtig gutes Buch geschrieben. In »Wir können mehr sein«[54] zeigt sie anhand ihrer eigenen Geschichte, dass Politik heutzutage mehr sein kann als ein bloßes Mittel zum Machterhalt. Sie fordert junge, queere, BIPoC (Schwarze, Indigene und People of Color) und behinderte Menschen auf, in demokratische Institutionen zu gehen, dadurch das Zusammenleben zu gestalten und auf eine gerechte und gleichberechtigte Gesellschaft hinzuwirken. Das halte ich für einen guten Weg, die Politik vielfältiger zu machen, um die Interessen aller Bevölkerungsgruppen zu berücksichtigen. Schaut man sich den aktuellen Bundestag an, sieht man, dass in politischen Entscheidungs- und

Aushandlungsprozessen vor allem die männliche Perspektive zum Tragen kommt und die große Gefahr besteht, dass andere Blickwinkel, Interessen und Bedürfnisse vernachlässigt werden. So liegt der Frauenanteil in dieser Legislaturperiode bei gerade mal 35 Prozent, von den anderen Gruppen ganz zu schweigen.[55]

Dennoch weiß ich auch, dass wir bei der knappen Zeit, die wir in der Klimakrise noch haben, eine schnellere Transformation brauchen. Um die jetzige Regierung, die ja noch eine Weile im Amt ist, zum Handeln zu bringen, wird diese Veränderung in meinen Augen am effektivsten von außen angestoßen. Deswegen entscheide ich mich für den zivilen Widerstand.

Und wie ich ja bereits oben erläutert habe, ist der zivile Widerstand mit den Debatten, Diskussionen, Streits, die er auslöst, ein wichtiger Bestandteil einer lebendigen Demokratie. Doch wenn ziviler Widerstand demokratisch ist, warum erleben wir diese krassen Vorwürfe? Woher kommt es, dass öffentlich so schlecht über zivilen Widerstand berichtet wird?

In meinem Forschungskreis war es schnell offensichtlich, dass es sich dabei häufig um Gegentaktiken derjenigen handelt, die versuchen, den zivilen Widerstand kleinzuhalten. Das ist, auf eine Art, ganz schön schlau! In der Wissenschaft gibt es daher den Begriff »smart repression«, übersetzt etwa: intelligente Unterdrückung. Smart, weil es sich um ausgefeilte Methoden handelt, die im Hintergrund wirken und den Widerstand schwächen sollen, ohne dass sie in der Bevölkerung groß auffallen. So werden viele Debatten nur deshalb initiiert, um vom eigentlichen Thema abzulenken und die Bewegungen in Misskredit zu bringen oder sie sogar zu kriminalisieren.

Ein Beispiel, bei dem ziviler Widerstand bewusst diskreditiert wurde, ereignete sich in einer Kirche in Stuttgart. Bei der vorgesehenen Live-Übertragung des ARD-Weihnachtsgottesdienstes sollte ein friedlicher Protest der *Letzten Generation* stattfinden. Die Protestierenden hatten sich vorher unglaublich viele Gedanken gemacht, wie man sich respektvoll gegenüber den Gläubigen verhalten könnte. Sie sprachen auch mit Kirchenvertreter*innen, die sie sogar ermutigten, den Protest durchzuführen. In den Medien klang das hinterher allerdings ganz anders. »Wir wollten nicht, dass die Weihnachtsfreude der Kinder und Mitfeiernden gestört wird«, so zitierte die Katholische Nachrichten-Agentur den Sprecher der Evangelischen Landeskirche in Württemberg. »An Weihnachten sollte die Botschaft der Hoffnung im Vordergrund stehen und nicht der Konflikt.«[56]

Dabei hatten einige Menschen aus der Kirche sogar geholfen, einen angemessenen Ablauf des Protests zu planen. Dieser sah vor, dass während des Gottesdienstes alle Teilnehmenden dazu eingeladen werden sollten, sich neben die aufgebaute Krippe zu stellen. Und so übten die Protestierenden, wie auch sie sich ganz friedlich nach vorne zur Krippe begeben könnten – als Zeichen, dass die Geburt des Kindes, das die Welt retten soll, auch Hoffnung und Zuversicht im Kontext der Klimakrise gibt. Danach hätten sie die Kirche wieder ruhig und friedlich verlassen. Es wäre ein sehr emotionaler, friedlicher Moment gewesen – und ein Akt des Widerstands. Doch der Protest wurde vereitelt, da bereits die

Generalprobe des Gottesdienstes aufgezeichnet wurde. Zum Zeitpunkt des eigentlichen Gottesdienstes blieb die Kirche leer, und die Protestierenden standen vor verschlossenen Türen.

Was Marco Buschmann, Bundesjustizminister von der FDP, allerdings aus der ganzen Sache machte, zeigt sein Tweet: »Wer an Weihnachten einen Gottesdienst stürmen möchte, um für politische Ziele zu werben, dem ist nicht mehr zu helfen. So findet man keine Unterstützer, sondern bloß Gegner. Die *letzte Generation* schadet seriösem Klimaschutz.« Hier zeigt sich die *smarte* Strategie, die ich selbst am eigenen Leib erlebt habe: Es wird von Politiker*innen versucht, Aufmerksamkeit vom Anliegen des Protests weg und stattdessen auf die private »Identität« der Protestierenden hin zu lenken. Sie werden als verwirrte Unruhestifter dargestellt, die ein Gotteshaus »stürmen« wollten – was meilenweit von dem entfernt war, was die Menschen dort wirklich vorhatten. Von den Folgen einer schlechten Klimapolitik der Bundesregierung lenkt Marco Buschmann nicht nur ab, sondern schiebt die Schuld mal eben den Widerständlern in die Schuhe! Wie Erica Chenoweth 2021 in ihrem Buch *Civil Resistance: What Everyone Needs to Know ®*[57] (Ziviler Widerstand. Was jeder wissen sollte) zeigt, zielt diese Taktik auf eine Stigmatisierung und Kriminalisierung der Protestierenden ab. Eine Vorgehensweise, die heute sehr üblich ist.[58]

Normalerweise treffen mich Politiker*innen-Aussagen, wie der Tweet von Marco Buschmann nicht (mehr), aber gerade bei diesem Protest, bei dem die Menschen so viel Mühe, Arbeit und Reflexion in die Sache gesteckt hatten, tat es mir für die beteiligten Menschen vor Ort sehr leid. Es waren

Menschen, denen die Klimakrise so wichtig war, dass sie an Weihnachten ihren eigenen Familien fernblieben. Doch wie auch schon bei den erwähnten Vergleichen mit den Taliban und der RAF, versuchten Politiker*innen auch in diesem Fall, die Gruppe abzuwerten und zu diffamieren. Häufig schüren sie damit Ängste vor Gewalt und Radikalisierung und machen einen Diskurs um nationale Sicherheit auf, der dann das eigentliche Thema überschattet. Dass sie dabei die Protestierenden direkt oder indirekt auch zur Zielscheibe von gesellschaftlichem Hass machen und vielleicht sogar Drohungen und Selbstjustiz gegen Protestierende fördern, geht damit einher.

Vor diesem Hintergrund ist es wichtig, gegen diese Form der Unterdrückung vorzugehen, diese immer wieder aufzudecken und anzuprangern. Wie der Forscher Brian Martin vorschlägt, ein Gegennarrativ zu den Diffamierungen zu entwickeln und das eigene Handeln ständig in Interviews, in Diskussionsrunden und bei Vorträgen darzustellen und zu legitimieren.[59]

Das ist uns zumindest zum Teil gelungen – wie die Wahl der die Protestierenden bewusst herabwertenden Bezeichnung »Klimaterroristen« zum »Unwort des Jahres« zeigt.

In der Begründung schreibt die Jury: »Der Ausdruck wurde im öffentlichen Diskurs gebraucht, um Aktivist*innen und deren Protest zu diskreditieren. Die Jury kritisiert die Verwendung des Ausdrucks, weil Klimaaktivist*innen mit Terrorist*innen gleichgesetzt und dadurch kriminalisiert und diffamiert werden. [...] Durch die Gleichsetzung des klimaaktivistischen Protests mit Terrorismus werden gewaltlose Protestformen zivilen Ungehorsams und demokratischen Widerstands in den Kontext von Gewalt und Staatsfeindlichkeit gestellt.«[60]

Die Wahl des Unwortes kommentierte die ZEIT übrigens mit den Worten »Klimaterroristen, das sind wir doch alle« und fragte, wie ich finde, vollkommen berechtigt: »Darf man auch Mitglieder der Bundesregierung, die den Klimaschutz mit dicken Felgen überrollen und dann noch auf ihm wenden, ebenfalls Klimaterroristen nennen?«[61]

Insgesamt versuche ich aber die Aufmerksamkeit, die wir durch unsere Proteste in der Öffentlichkeit, den Medien und von einzelnen Oppositions- und Regierungsmitgliedern bekommen, immer als Kompliment zu sehen: Das zeigt doch, dass unser Protest nicht ignoriert werden kann und dass er ernst genommen wird.

Um die Demokratiediskussion abzuschließen, ist es mir noch einmal wichtig, auf die Demokratien selbst zu sprechen zu kommen. Denn die Sicherheit und Stabilität einer Demokratie wird oft als selbstverständlich angesehen. Ich erinnere mich in diesem Zusammenhang an das berühmte Zitat des einstigen Präsidenten und Vorsitzenden des Zentralrats der Juden in Deutschland Heinz Galinski:

> *Demokratie kann man keiner Gesellschaft aufzwingen, sie ist auch kein Geschenk, das man ein für alle Mal in Besitz nehmen kann. Sie muss täglich erkämpft und verteidigt werden.*[62]

Wir wissen aus den täglichen Nachrichten, ob aus Ungarn, Polen, Serbien, Türkei, Brasilien oder den USA: Demokratien sind heute so verletzlich und fragil, wie schon lange nicht mehr. »Die weltweiten Fortschritte bei der Demokratie, die in den letzten 35 Jahren erzielt wurden, wurden zunichtegemacht«, heißt es gar in dem Bericht des *Varieties of Democracy Institutes (V-Dem)* zur weltweiten Lage der Demokratie im Jahr 2022.[63] Der Bericht legt offen: In 35 Ländern gab es eine Verschlechterung des Rechts auf freie Meinungsäußerung. Die Freiheit der Presse, freie Wahlen und die Rechte der Menschen werden in vielen Ländern zunehmend eingeschränkt. Diese Entwicklungen bereiten nicht nur mir große Sorge, und sie schreien förmlich nach dem Einsatz demokratieerhaltender Maßnahmen.

Ziviler Widerstand war und ist eines unserer besten Mittel, das Immunsystem der Demokratie auf Trab zu halten – und damit auch, unsere Demokratien zu verteidigen.

3

Kontraproduktiv?
Oder:
Warum ziviler Widerstand
effektiv ist

Jiu-Jitsu heißt übersetzt etwa »die sanfte, nachgeben-
de Kunst« und ist eine waffenlose Selbstverteidigung,
die von den japanischen Samurai stammt und die sich
auch auf den Protest übertragen lässt.

In diesem Kapitel zeige ich, dass der zivile Widerstand nicht nur demokratisch ist, sondern auch eine
hocheffektive Methode, die funktioniert. Dabei gehe
ich vor allem auf das politische Jiu-Jitsu ein, bei dem
sich die ganze Kraft und das Potenzial der Friedlichkeit entfaltet. Da die Strategie mit einem hohen Einsatz
für Protestierende verbunden ist, erzähle ich, wie man
sowohl strategisch als auch persönlich einen guten
Umgang damit finden kann.

ch sitze mit Olaf Scholz auf dem Podium im runden Konferenzsaal der SPD-nahen Friedrich-Ebert-Stiftung in Berlin. Der Raum erinnert mich an eine Arena, das Scheinwerferlicht ist direkt auf uns gerichtet. Im Publikum viele SPD-Parteimitglieder, hochrangige Wissenschaftler*innen und Klimaschützer*innen. Doch ich bin zu angespannt, um sie wahrzunehmen. Aufgrund von Corona sitzen wir alle weit auseinander, das macht die Atmosphäre im Saal kühl und unpersönlich. Der SPD-Politiker und ehemalige Kanzlerkandidat und jetzige Vorsitzende der Friedrich-Ebert-Stiftung Martin Schulz hält eine kurze Einführungsrede, ich bin noch gar nicht richtig mit dem Mikrophon verkabelt, da geht es auch schon los.

»Ich bin verzweifelt, wir befinden uns in einer tödlichen Klimakrise und wir haben eine Politik, die die Möglichkeit hat, das Ruder rumzureißen, aber immer wieder wissentlich und willentlich Maßnahmen ergreift, die uns weiter in diese Klimakrise hineinführen.«[64]

Mit diesen Worten beginne ich ich das öffentliche Gespräch, das wir beim Hungerstreik gefordert und mit unserem Protest errungen haben. Es ist eine hitzige Diskussion mit dem frisch gewählten Kanzler. Wir prangern den Kurs der Regierung in Sachen Klimakrise hart an, lassen ihm keine Ausflüchte und Abweichungen durchgehen, unterbrechen ihn immer wieder, um ihm die akute Bedrohung und die Konsequenzen, die die Klimakrise für unser Leben mit sich bringt, vor Augen zu führen. Unser Gespräch neigt sich dem Ende zu, ich schaue auf die Uhr. Ich weiß, wir haben nicht mehr viel Zeit, aber ich will Olaf Scholz noch eine Sache sagen. Das ganze Gespräch über war ich wahnsinnig nervös, doch bei diesem letzten Punkt bin ich selbstbewusst – im Nachhinein muss ich etwas schmunzeln, weil ich mich da schon fast zu forsch finde. Ich lehne mich noch etwas weiter nach links, schaue ihn direkt an und sage: »Wenn Sie Ihre Verantwortung nicht wahrnehmen, dann sehen wir uns in der Pflicht, hier in Deutschland im Januar massiv zu stören. Gewaltfrei, aber massiv.«[65]

Die *Letzte Generation* ist zu diesem Zeitpunkt eine Gruppe von nicht mal zehn Leuten. Trotzdem bin ich mir sicher, dass wir das schaffen werden.

Was machte mich an diesem trüben Novembertag so sicher, dass das klappen würde?

Ich wusste: Ziviler Widerstand kann (sehr) effektiv sein!

Genauer gesagt war mir in diesem Moment auf dem Podium ganz bewusst, dass ich mich auf einen großen Forschungskomplex verlassen konnte. Das Gleichnis von den Zwergen auf den Schultern von Riesen passt hier ganz gut. Ich als »Zwergin« – um im Bild zu bleiben – konnte mich auf die »riesigen« Leistungen und Ergebnisse vorangegangener Wissenschaftler*innen stützen und war zuversichtlich, dass der

Plan der *Letzten Generation*, den ich da ankündigte, gute Erfolgschancen hatte.

An dieser Stelle möchte ich auch mit einem immer wieder formulierten Missverständnis über den zivilen Widerstand aufräumen. Nämlich, dass Menschen ihn als ineffektiv oder gar kontraproduktiv abtun. Wie beispielsweise der Extrembergsteiger und Autor Reinhold Messner, der in einem Interview mit der Deutschen Presse-Agentur, die Straßenblockaden der *Letzten Generation* als »nicht zielführend« beschrieb. Er ist sich sicher: »Das macht gegenteilige Emotionen. Die Leute wissen, die machen einfach nur Terror. Wir müssen mit der Wissenschaft und mit Erzählungen zu den Leuten kommen, um sie so weit zu bringen, dass sie dazu beitragen, die Erderwärmung zu bremsen und aufzuhalten.«[66] Oder der SPD-Fraktionsvorsitzende Dirk Kienscherf, der der *Letzten Generation* vorwarf, dass sie mit ihrem Protest dem Umweltschutz schade, da grundsätzlich aufgeschlossene Menschen mit Störaktionen gegen Maßnahmen aufgebracht werden würden.[67]

Aktuelle Studien belegen allerdings das Gegenteil. So untersuchte das Wissenschaftszentrum Berlin für Sozialforschung (WZB), wie gewaltfreie Proteste sich auf die öffentliche Unterstützung für Klimaschutzmaßnahmen auswirken. Das WZB kam dabei in ihrer Studie zu dem Schluss, dass radikale Protestformen zwar deutlich unbeliebter als harmlose Demonstrationen ohne Sachbeschädigung oder Eingriffe in den Verkehr sind. Aber die Wissenschaftler*innen finden keine Hinweise darauf, dass die Proteste etwas daran ändern, wie viel Klimaschutz sich die Menschen wünschen.«[68]

Das lässt sich gut in langfristige Untersuchungen einordnen, die besagen, dass die Proteste anfänglich auf eine breitere Ablehnung in der Bevölkerung stoßen, wie beispielsweise der *Movement Action Plan*[69] des US-amerikanischen Bewegungsforschers Bill Moyer aus dem Jahr 1987 belegt. Dabei handelt es sich um ein Modell, das basierend auf erfolgreichen Fallstudien, die verschiedenen Phasen des zivilen Widerstands zusammenfasst und zeigt, dass man geduldig sein muss, weil der Erfolg meist nicht unmittelbar eintritt.

Moyer nimmt die US-amerikanische Anti-Atom-Bewegung als Beispiel und zeigt, dass es in der Anfangsphase der Proteste üblich ist, dass der aktuelle Zustand durch die Politik, aber auch durch die Öffentlichkeit, aufrechterhalten wird, obwohl er demokratische Werte, wie etwa Freiheit, Sicherheit oder Gerechtigkeit verletzt. Gründe dafür sind beispielsweise, dass diese Verstöße nicht öffentlich diskutiert werden und größtenteils unbemerkt bleiben. In dieser Phase erzeugen Politiker*innen gerne den Eindruck, dass ihre Entscheidungen mit den Grundwerten übereinstimmen.

In den weiteren Stadien wächst die Bewegung langsam, und erste Erfolge stellen sich ein. Moyers *Movement Action Plan* besteht aus insgesamt acht Phasen und zeigt, dass es immer wieder Rückschläge gibt und sich gerade dann bei den Protestierenden ein starkes Gefühl des Misserfolges einstellt, wenn die Bewegung real die größten Erfolge zu verbuchen hat. Und – das ist das Wichtigste: Nur wenn man es schafft, diese Phase durchzustehen, ruhig zu bleiben und daran zu glauben, dass es funktioniert, kommt man auch wirklich zum Erfolg.

After a year or two, the high hopes of movement take-off seems inevitably to turn into despair. Most activists lose their faith that success is just around the corner and come to believe that it is never going to happen. (…) Most surprising is the fact that this identity crisis of powerlessness and failure happens when the movement is outrageously successful (…)[70]

Nach ein oder zwei Jahren scheint sich die große Hoffnung (…) unweigerlich in Verzweiflung zu verwandeln. Die meisten Aktivist*innen verlieren den Glauben daran, dass der Erfolg vor der Tür steht, und kommen zu der Überzeugung, dass dies nie der Fall sein wird (…) Am überraschendsten ist die Tatsache, dass diese Identitätskrise der Machtlosigkeit und des Scheiterns dann auftritt, wenn die Bewegung außerordentlich erfolgreich ist (…)

Die grundlegendsten Beweise, dass gewaltfreier Widerstand effektiv ist, haben die beiden US-amerikanischen Forscher*innen Erica Chenoweth und Maria J. Stephan mit ihrer 2011 herausgegebenen Studie *Why Civil Restistance Works* (Warum ziviler Widerstand funktioniert) geliefert. In der bis dato größten Datensammlung zu diesem Thema untersuchten sie 323 Beispiele des zivilen und des gewaltvollen Widerstands in den Jahren 1900 bis 2006. Dabei erwies sich der zivile Widerstand als doppelt so erfolgreich wie gewaltvolle Methoden. In Zahlen bedeutet das, dass friedliche Bewegungen in den letzten mehr als 100 Jahren zu 51 Prozent erfolgreich waren, während gewaltvolle Kampagnen im untersuchten Zeitraum nur zu 27 Prozent Erfolg hatten.[71] Das sind erstaunliche Ergebnisse, führt man sich vor Augen, dass Gewalt – ob als Krieg oder Terror – überall in unserer Welt so allgegenwärtig ist.

Was gewaltfreie und gewaltvolle Methoden im direkten Vergleich unterscheidet und zum Erfolg vom zivilen Widerstand beiträgt, ist, dass die Beteiligung bei gewaltfreien Protesten diverser und dadurch schließlich auch größer ist.

Erica Chenoweth zeigt in ihrem Buch auch, dass, während gewaltvolle Kampagnen in erster Linie jünger und männlich sind, der zivile Widerstand eine Form ist, der sich mehr Menschen mit unterschiedlichstem Hintergrund anschließen können. Zwischen 1900 und 2019 konnten gewaltfreie Bewegungen im Schnitt 1,6 Prozent der nationalen Bevölkerung der untersuchten Länder aktivieren, während es bei gewaltvollen Methoden nur 0,4 Prozent waren.[72] Die Zusammensetzung dieser Bewegungen war insgesamt inklusiver und unabhängiger vom Geschlecht oder Alter.

Das konnte ich auch bei Protesten immer wieder erleben. Oft saß ich mit den Menschen, mit denen ich tagsüber auf der Straße war, beim Abendessen zusammen. An einem Tag waren wir zum Beispiel eine sehr altersdiverse Gruppe: Zwei über 70-Jährige, die für ihre Enkel auf die Straße gingen, hatten für uns gekocht. Frauen im Alter meiner Mutter, die sich über den Tag unterhielten und uns dabei immer wieder drückten, Menschen in meinem Alter, die sich wie Geschwister untereinander verhielten, und ein junges Paar, das seine einjährige Tochter auf dem Schoß hatte. Es war wie in einer Großfamilie. Und es zeigte mir, dass der zivile Widerstand die unterschiedlichsten Menschen zusammenbringen und deswegen so großes Potenzial entfalten kann.

Jetzt kann man natürlich dem Brückenschlag zwischen den Studienergebnissen von Chenoweth und Stephan und der *Letzten Generation* auch kritisch gegenüberstehen. Das tat ich anfangs auch, denn obwohl es ein international anerkanntes Standardwerk zum Thema ziviler Widerstand ist, bezieht es sich vor allem auf Fallstudien, bei denen es um Kämpfe für Unabhängigkeit und den Sturz von Diktaturen ging. Doch weiten die Autor*innen auch immer den Wirkungskreis des zivilen Widerstands aus. In einem Podcast der Harvard Kennedy School sagte Erica Chenoweth:

> *Basically, the idea is that every kind of government, or if the opponent is a corporation or if the opponent is a university administration or whoever it is, every kind of opponent relies on lots of people in order to maintain the status quo. And that when those people begin to question whether it's in their own personal interest to continue that cooperation, that's when those regimes are very vulnerable to your challenges from below.*[73]

Im Grunde genommen geht es darum, dass jede Art von Regierung oder Unternehmen oder auch eine Universitätsverwaltung – oder wer auch immer – sich auf viele Menschen verlässt, um den Status quo zu erhalten. Und wenn diese Menschen anfangen zu hinterfragen, ob es in ihrem persönlichen Interesse ist, diese Kooperation fortzusetzen, dann sind diese Regime sehr verletzlich gegenüber Herausforderungen von unten.

Viele Menschen zum Hinterfragen zu bringen – genau darum geht es beim zivilen Widerstand, denn die Themen, die er behandelt sind nicht individuell, sondern sie sind nur systemisch lösbar.

So geht es bei den Klimaprotesten nicht um den Einzelnen oder darum, individuell etwas zu verändern – sondern es gilt, als Gesellschaft endlich den Konflikt um mehr und schnelleren Klimaschutz auszutragen. Klar ist es gut, wenn ich als Einzelne etwas an meinem Lebensstil verändere und beispielsweise anders konsumiere oder auf das Auto verzichte. Nichtsdestotrotz sind Vorwürfe und Handlungsempfehlungen, die auf einer individuellen Ebene ansetzen, letztlich immer Ablenkungsmanöver: Für die einen suggerieren sie eine individuelle Eingriffsmöglichkeit, auf die ich meine ganze Aktivität legen und mein »schlechtes Gewissen« beruhigen kann. Die anderen entziehen sich dem Problem ganz, weil sie sich überfordert oder gegängelt fühlen.

Es wird uns mantra-artig vorgegaukelt, dass alles anders werden würde, wenn wir nur alle anders und besser leben würden. Die einzig Verantwortlichen für die Klimakrise sind dabei die Bürger*innen, die Konsument*innen, also: Wir.

Dass aber derzeit gar nicht die weltwirtschaftlichen und politischen Rahmenbedingungen herrschen, um als einzelne Bürger*in nachhaltig zu leben, wird dabei verschleiert.

Was es braucht, sind nicht individualistische, sondern systemische Ansätze – und auf genau die zielt der zivile Widerstand ab.

Das macht er auf vielfältige Weise: Er fordert Exekutive, Legislative und Judikative heraus, dominiert tage- und wochenweise den medialen Diskurs, betreibt politisches Agendasetting und wird öffentlich wahrgenommen – heftige Debatten inklusive.

Eine der wichtigsten Kerndynamiken dabei, die zur Effektivität des zivilen Widerstands beiträgt, ist das politische Jiu-Jitsu. Das Konzept geht auf den US-amerikanischen Philosophen und Widerständler Richard B. Gregg[74] zurück. Der Name bezieht sich auf eine von den japanischen Samurai stammende Kampfkunst der waffenlosen Selbstverteidigung, bei der der Schwung und die Kraft des Gegenübers gegen ihn selbst eingesetzt wird. Dabei kann es gelingen, sogar weitaus Stärkere zu übertrumpfen. Übertragen auf den gewaltfreien Protest geht es darum, dass die Protestierenden einen moralischen und strategischen Vorteil gegenüber staatlichen Strafen haben. Denn wenn staatliche Institutionen Gewalt nutzen, um auf Friedlichkeit zu reagieren, dann untergraben sie damit ihre eigene Macht. Die Missstände des Systems kommen in diesen Momenten unübersehbar zum Vorschein, die Sympathie und Unterstützung der Öffentlichkeit für die Protestierenden wird erhöht und im besten Fall schließen sich viele Menschen dem Protest an. Entscheidend dabei ist, dass die Protestierenden selbst gewaltfrei bleiben, sonst kann die Dynamik nicht einsetzen!

Auf den ersten Blick erscheint die Theorie des politischen Jiu-Jitsu vielleicht kompliziert, in der Praxis ist sie aber relativ einfach umsetzbar.

Ich stellte mir schon lange die Frage, ob diese Dynamik, wie sie das politische Jiu-Jitsu auslöst, auch in der gegenwärtigen Situation in einer Demokratie funktionieren kann. Mich beschäftigte das lange, bis ich bei meinem allerersten Protest eine Antwort darauf bekam. Mit anderen Menschen von *Extinction Rebellion* protestierte ich vor der Bauer Media Group in Hamburg. Unser Ziel: Die Medien sollten ernsthafter über die Klimakrise berichten und sie in ihrer ganzen Tragweite darstellen.

Eine Forderung, die auch von einzelnen Journalist*innen selbst gestellt wird. So rief die Journalistin Sara Schurmann in einem offenen Brief ihre Kolleg*innen dazu auf, die Klimakrise endlich ernst zu nehmen: »Deutschland entscheidet, erst 2038 aus der Kohle auszusteigen – und es ist nicht wochenlang ein Skandal. Die EU beschließt ein riesiges Corona-Finanzpaket – und Journalist*innen berichten darüber fast ausschließlich als historische Meisterleistung. Forscher*innen diskutieren tagelang öffentlich, ob der Grönländische Eisschild nun unaufhaltsam schmilzt – und daraus wird in den meisten Fällen nicht mehr als eine Meldung. Das zeigt: Auch viele Journalist*innen scheinen noch immer nicht verstanden zu haben, wie ernst die Klimakrise ist und an was für einem historisch entscheidenden Punkt wir gerade stehen. Zu wenige von uns machen sich bewusst, wie sehr diese Krise unsere eigene Zukunft konkret und unmittelbar bedroht.«[75]

Doch zurück nach Hamburg: Mit freiem Oberkörper standen wir im Regen vor dem Verlagsgebäude – unsere bloße Haut als Symbol für die Verletzlichkeit des Lebens und der Erde im Angesicht der Klimakrise. Der Protest ging über mehrere Stunden, wir froren, aber wir blieben standhaft. Zum Schluss waren wir nur noch zwei Frauen, die im Schneidersitz vor einer Tür protestierten, umringt von einer Menschentraube. Auf unseren Körpern stand in roter Schrift »Aussterben« und »Dürre«. Die Polizei forderte uns mehrfach auf aufzustehen, doch wir fassten uns an den Händen und blieben entschlossen und friedlich sitzen. Ich wusste, dass Hamburg eine Stadt ist, die mit Demonstrierenden nicht gerade zimperlich umgeht. Schon oft hatte ich gehört, dass Hamburger Polizist*innen auch Schmerzgriffe anwendeten und war sehr angespannt. Wie weit würden sie bei uns gehen? Würden sie vor den Augen so vieler Menschen mit Härte durchgreifen – gerade, weil bei dem Protest so offensichtlich war, wie friedlich und verletzlich wir waren? Aber davon ließ sich die Polizei überhaupt nicht beeindrucken: Im Gegenteil, sie schleiften uns mit verdrehten Handgelenken und nackten Oberkörpern quer über den Boden zum Polizeiauto und nahmen uns fest. Doch nur scheinbar waren wir die Schwachen, Ausgelieferten, Hilflosen. Denn zugleich verlieh uns unsere Friedlichkeit und unsere körperliche Unterlegenheit – die im starken Kontrast zum gewaltvollen Eingreifen der Polizei stand – in diesem Moment eine große Macht. Das mag jetzt komplett widersprüchlich klingen, aber im Moment des Weggezogenwerdens fühlte ich mich trotz furchtbarer Schmerzen stark. Die Sympathien der Zuschauenden, die empört dazwischenriefen und offensichtlich aufgewühlt waren, lagen unverkennbar auf unserer Seite.

Da war sie – ich konnte die Dynamik der Friedlichkeit ganz klar erkennen!

Und seitdem taucht diese Dynamik, die durch Gewalt staatlicher Institutionen auf gewaltfreie Protestierende in Gang gesetzt wird, immer wieder auf. Ein gutes Beispiel sind auch die Hausdurchsuchungen, die im Dezember 2022 und zuletzt im Mai 2023 bei mehreren Menschen der *Letzten Generation* stattfanden. Bei einer bundesweiten Razzia wurden auf Anordnung des bayerischen Landeskriminalamts und der Generalstaatsanwaltschaft München Wohnungen durchsucht. Der Grund: Gegen sieben Mitglieder der *Letzten Generation* wurde wegen Verdachts auf Bildung einer kriminellen Vereinigung ermittelt. Aber damit nicht genug: Auch die Website wurde beschlagnahmt und abgeschaltet, Konten wurden gesperrt. Nicht nur wir fanden die Aktion völlig überzogen und geradezu lächerlich. Viele Bürger*innen äußerten sich empört über die Kriminalisierung der Betroffenen und auch Politiker*innen kritisierten das Vorgehen scharf. So sagte etwa der Linken-Innenpolitiker Sascha Bilay in einer Debatte des Thüringer Landtags nach den Razzien: »Wer politische Veränderungen in diesem Land will, muss unbequem sein.«[76] Prominente wie der Astrophysiker und TV-Moderator Harald Lesch stellten sich an die Seite der Protestierenden: »Ihr seid keine Mafia, ihr seid keine Kriminellen, ihr seid besorgt wie wir alle.«[77] Die Berliner Volksbühne setzte eine »Hausbesuchung« auf den Spielplan. In der Einladung schrieben sie zu den staatlichen Maßnahmen: »Wie kommt es, dass sie mit einem solchen Diskurs eine junge Generation verurteilen, deren einziges Ziel, das sie ›erpressen‹ will, darin besteht, die Bundesregierung an ihre eigenen Abkommen zu erinnern, an die drängende Notwendigkeit der CO_2-Reduzierung? Daran, dass der Klimawandel kein Naturereignis, sondern eine Krise ist, deren Handhabung in unserer Verantwortung liegt, hier und jetzt sofort?«[78]

Diese Beispiele zeigen, dass massives Vorgehen gegen friedliche Protestierende einen öffentlichen Aufschrei zur Folge haben kann. Dieser mobilisiert noch mehr Menschen, die vorher nicht aktiv waren. Momente, in denen das politische Jiu-Jitsu stattfindet, sind häufig Wendepunkte in einer Kampagne und führen zu einem massiven Anstieg in der Mobilisierung.

Ein weiteres Beispiel, das zeigt, welche Welle der Unterstützung solche überdimensionierten polizeilichen Aktionen auslösen können, sind die Hausdurchsuchungen, die von der Staatsanwaltschaft Neuruppin im Dezember 2022 angeordnet wurden. Bundesweit fanden elf Durchsuchungen statt. Laptops, Handys und Plakate wurden konfisziert. Für uns und viele Unterstützer*innen war klar: Dieser unverhältnismäßige Einsatz staatlicher Mittel war ein Versuch, die Gruppe kleinzuhalten und einzuschüchtern. Daraufhin startete die *Letzte Generation* einen Aufruf, dass sich Unterstützer*innen als Teil der kriminellen Vereinigung selbst anzeigen sollten. Über 1000 Menschen taten das und solidarisierten sich mit den Betroffenen. Darunter waren Menschen aus allen gesellschaftlichen Schichten und Berufsgruppen, sogar promovierte Juristen. Und selbst Menschen, die sich nicht anzeigten, sondern von den Vorgängen nur in den Medien hörten, waren empört. In dieser Zeit bekam ich so viele Anrufe von besorgten Familienmitgliedern und Freund*innen wie nie zuvor, die mir alle ihre Unterstützung aussprachen. Es war ein juristischer Angriff, der im Endeffekt die *Letzte Generation* gestärkt hat.

Der Soziologe Kurt Schock beschreibt in seinem Buch *Unarmed Insurrections. People Power Movements in Nondemocracies* (Unbewaffnete Aufstände: People-Power-Movements in Nicht-Demokratien)[79] mit Blick auf die Philippinen in den 1970er Jahren, dass bestimmte Ereignisse, bei denen es besonders stark zu Gewalt, Verfolgung oder Strafen vonseiten staatlicher Institutionen kommt, »Katalysatoren« sein können, die passive Akzeptanz in aktiven Widerstand verwandeln – und das politische Jiu-Jitsu wiederum provoziert genau diese Ereignisse. Dabei, das möchte ich hier noch mal betonen, ist am Prinzip der Friedlichkeit festzuhalten, denn sonst kann diese Dynamik nicht einsetzen. Auch für René Leudesdorff und Georg von Hatzfeld herrschte bei ihrem Protest auf Helgoland mit Bezug auf Gandhi der Leitsatz: »Unsere Waffe ist, dass wir keine haben.«[80]

Und man kann immer damit rechnen, dass Widerstand die ein oder andere Form von Gewalt und Repressionen hervorruft und das Gegenüber reagieren wird. Es gibt eine Regel, das sogenannte *law of coercive responsiveness* (Gesetz der erzwungenen Reaktionsfähigkeit), die beschreibt, dass Widerstand immer in irgendeiner Form Repression, Gewalt, Gegenwehr hervorruft, da Staaten nach innerstaatlicher Ordnung streben, die durch den Widerstand gestört wird.

Natürlich sind die Unterdrückungsmechanismen in Demokratien viel weniger massiv und bewegen sich halbwegs im Rahmen der rechtsstaatlichen Möglichkeiten, aber sie sind trotzdem da. Während ich diese Zeilen im Frühling 2023 schreibe, diskutiert man in Berlin über eine Ausweitung der Präventivhaft von 48 Stunden auf fünf Tage, und Bundesinnenministerin Nancy Faeser hat sich schon mehrfach für ein hartes Vorgehen ausgesprochen. Der dpa sagte sie beispielsweise im April 2023: »Der Rechtsstaat lässt sich nicht auf der Nase herumtanzen« und: »Die Polizei hat meine volle Unterstützung, wenn sie konsequent durchgreift.«[81]

Die Exekutive zieht die Daumenschrauben an, so könnte man diese Äußerungen interpretieren. Die Widerständigen stören, begehen Ordnungswidrigkeiten oder Straftaten und sollen dafür schnellstmöglich in Gewahrsam genommen, angeklagt, verurteilt werden. Das sind harte Law-and-Order-Botschaften, die da in Richtung Öffentlichkeit ausgesandt werden. Sie gefallen einem großen Teil der Bevölkerung, keine Frage – aber einen anderen und wachsenden Teil der Bevölkerung irritieren und verstören sie auch, und diese Maßnahmen werden auch international kommentiert. So sagte der Sprecher von UN-Generalsekretär António Guterres, Stéphane Dujarric, nach den Razzien gegen die *Letzte Generation*: »Klima-Aktivisten – angeführt von der moralischen Stimme junger Menschen – haben ihre Ziele auch in den dunkelsten Tagen weiterverfolgt. Sie müssen geschützt werden, und wir brauchen sie jetzt mehr denn je.«[82]

Was man in diesem Zusammenhang allerdings auch

nicht unterschätzen sollte, ist die Gewalt, die von anderen Bürger*innen ausgeht. Die *Letzte Generation* hat eine große Debatte zur Selbstjustiz angestoßen. Manche Menschen, die aufgrund der Proteste nicht zur Arbeit oder zu wichtigen Terminen kommen oder sich auf andere Weise von ihnen betroffen fühlen, sind der Meinung, ihre vermeintlichen Rechte selbst durchsetzen zu können. Videos im Netz, in denen Protestierende geschlagen oder an den Haaren von der Straße gezogen werden, belegen das. Bodo Pfalzgraf, Landesvorsitzender der Polizeigewerkschaft in Berlin, warnte nach einem Protest, bei dem es zu harschen Beschimpfungen vonseiten eines Autofahrers kam: »Wir dürfen nicht abwarten, bis der erste Autofahrer durchdreht und einen Aktivisten schwer verletzt oder gar tötet.«[83] Prominente wie der Regisseur und Schauspieler Til Schweiger heizen diese Stimmung an und schließen selbst den Einsatz von Gewalt dabei nicht aus. In einem Interview im März 2023 mit der BILD-Zeitung sagte er: »Ich weiß nicht, was ich mache, wenn ich mal im Stau stehe und wegen denen einen wichtigen Termin verpasse, weil die da kleben. Dann steige ich bestimmt auch aus. Ich habe das Video von einem gesehen, der einen Klimakleber weggezogen hat. Ich glaube, ich würde das genauso machen.«[84]

Das sind beängstigende Aussagen und Entwicklungen, doch so wie ich zivilen Widerstand verstehe, geht er gar nicht davon aus, dass das Gegenüber auf Gewalt verzichtet. Ganz im Gegenteil: Je größer die Störung ist, die man für die bestehende Ordnung darstellt, desto mehr Gewalt kann einem entgegenschlagen, die man versuchen sollte – ganz im Sinne des politischen Jiu-Jitsus – in eigene Kraft umzuwandeln.

Mit dieser Sicht, die meiner Meinung nach von der sozialwissenschaftlichen Forschung breit bestätigt wird, bin ich aber auch schon bei vielen Menschen angeeckt.

Mir wurde vorgeworfen, bei Protesten, die wir geplant haben und bei denen es mir bewusst war, dass es dort zu Polizeigewalt und/oder Gewalttätigkeiten von anderen Bürger*innen kommen könnte, Menschen in Gefahr zu bringen. Doch ich bin keine kühle Strategin, auch wenn ich vielleicht nach außen hin in Stresssituationen meist ruhig und nüchtern bleibe. Im Gegenteil: Ich finde, was Menschen zum Teil bei den Protesten widerfährt, kaum zum Aushalten. Es macht mich traurig, wütend und zerreißt mich innerlich fast. Die Verantwortung, die ich in diesen Momenten trage, liegt wie Blei auf meinen Schultern, Zweifel tauchen auf, und am liebsten würde ich manchmal rufen: »Alle zurück! Hört auf! Macht das nicht.«

Aber Panik braucht niemand in einer solchen Situation. Und deswegen bleibe ich ruhig, auch wenn es brenzlig wird. Weil ich so am besten durch die Situation navigieren kann. (Diese, wie ich finde sehr nützliche Eigenschaft, habe ich von meinem Papa: Je stressiger es wird, desto ruhiger wird er.)

Das, was ich machen kann, ist, ehrlich und gründlich zu sein. Ehrlich, indem ich den Menschen im Vorfeld des Protests sage, worauf sie sich einlassen, damit sie eine bewusste Entscheidung treffen können. Gründlich: Indem ich haargenau plane und alle Szenarien mitdenke, und wir die Protestierenden und uns selbst optimal auf einen Protest vorbereiten können, damit keinem etwas passiert. Aber ausschließen kann ich das natürlich nicht.

Aber was bringt es, die Augen vor den Tatsachen und wissenschaftlichen Fakten zu verschließen? Der zivile Widerstand ist keine passive, sondern eine aktive Methode, die Einschüchterungs- und Unterdrückungsmechanismen hervorruft.

Insgesamt ist der Umgang mit Gewalt aber ein sehr wichtiges Thema für friedlich Protestierende. Anstatt sich von ihr einschüchtern zu lassen, sollte man überlegen, wie man in der Praxis damit gut umgehen kann. Wie Srđa Popović und Tori Porell in ihrem Text *Making Oppression Backfire*[85] zeigen, hängt von einem guten Umgang mit Repressionen und Gewalt schließlich maßgeblich der Erfolg des Protests ab.

> *The knowledge on how to make oppression backfire is the best weapon for facing oppression because you cannot control what your enemy does, but you can control what to do with the aftermath your enemy leaves behind.*[86]

Das Wissen darüber, wie Unterdrückung nach hinten losgehen kann, ist die beste Waffe, um der Unterdrückung zu begegnen, denn man kann nicht kontrollieren, was der Gegner tut, aber man kann kontrollieren, was man mit den Folgen macht, die das Gegenüber hinterlässt.

Wie funktioniert das aber genau? Das Wichtigste ist, sich auf konkrete Situationen strategisch und persönlich gut vorzubereiten. Wenn man von den Ereignissen überrumpelt wird, funktioniert das nicht und kann sogar kontraproduktiv sein. Bei dem Beispiel aus Hamburg – wir, zwei Frauen vor dem Medienhaus – gab es zwar einen großen Aufschrei vor Ort, aber das mobilisierte niemanden nachhaltig. Das lag daran, dass die Situation spontan passierte, und alle Beteiligten darauf wenig vorbereitet waren. Niemand hatte so richtig das Konzept des politischen Jiu-Jitsus im Kopf, und anstatt die Szene für die Außenwelt festzuhalten, verlor man sich in wütenden Zurufen in Richtung Polizei. So blieb es bei einem ungeplanten Schnappschuss: Kurz bevor ich weggeschleift wurde, rief ich einer zufällig dazugekommenen Fotografin zu, dass sie bitte jetzt Fotos machen solle. Doch es gab niemanden, der sich um die Nachbereitung gekümmert und schon vorbereitet hatte, an wen man die Bilder hätte schicken können. Das sind für mich die schmerzhaftesten Momente, weil man in der Stille leidet und der Gewalt machtlos ausgeliefert ist.

So schrieb ich schließlich selbst einen Text dazu, wählte die Fotos aus und teilte alles auf meinen privaten Accounts (die damals in ihrer Reichweite begrenzt waren). Wir hatten in Hamburg mit der Protestgruppe vor Ort wenig Anbindung an die Presse und auch keine große Social-Media-Plattform, über die wir alles gut hätten verbreiten können. Schade, denn es war eigentlich ein gelungener Protest, und das hätten wir weitaus besser nutzen können!

Es geht also bei den Protesten des zivilen Widerstands darum, die Repressionen sichtbar zu machen, damit die Machtumkehr, die zentral beim politischen Jiu-Jitsu ist, in Gang gesetzt werden kann.

Gelingt das aber nicht auf Anhieb, sollte man sich wieder den *Movement Action Plan* von Bill Moyer in Erinnerung rufen, der besagt, dass es immer wieder Phasen im zivilen Widerstand gibt, in denen es zu Frustrationen und Rückschlägen innerhalb der Widerstandsbewegung kommen kann. Menschen fangen dann an zu zweifeln, ob die Bewegung ihre Ziele erreichen wird, ihre Bemühungen scheinen vergebens zu sein.

Ich fand die Untersuchung von Moyer sehr hilfreich und entlastend: Man kann sich schon am Anfang darauf vorbereiten, dass es Tiefs geben wird und starken Gegenwind. So war der britische Menschenrechtsaktivist und LGBTQ[87]+-Protestierende Peter Tatchell, der 2006 vom Magazin New Statesman auf Platz 6 der »Helden unserer Zeit« gewählt wurde, einmal der »meist gehasste Mann Englands«[88], und ich meine mich daran zu erinnern, dass am Beginn der *Fridays for Future* nicht alle so begeistert von den »Schulschwänzern« waren wie heute. Deswegen besorgt es mich auch nicht so sehr, dass etwa zuletzt bei einer Umfrage des Spiegels nur etwa 16 Prozent der Befragten angaben, die Aktionen der *Letzten Generation* richtig zu finden, während 79 Prozent sie als »eher falsch« oder »eindeutig falsch« ansehen.[89]

In Phasen, in denen es nicht so gut läuft, hilft es, einen Schritt zurückzutreten und das Ganze mit Abstand zu betrachten. Stagnation und Rückschläge sind ganz normale Entwicklungen in dem Prozess. Denn wie wir gesehen haben, ist die Behauptung, ziviler Widerstand sei eine ineffektive Methode und kontraproduktiv, nicht richtig. Im Gegenteil: Ziviler Widerstand ist demokratisch. Und er funktioniert.

Mit diesem Wissen saß ich also auf dem Podium mit Olaf Scholz. Und obwohl ich so große Worte geschwungen habe, waren es keine »größenwahnsinnigen« Phantasien. Ein Jahr später kann die *Letzte Generation* große Erfolge vorweisen. Das Thema Klima prägt die öffentliche Berichterstattung und ist gesellschaftlich präsent. Aus den wenigen Menschen sind Tausende geworden, die sich engagieren. Das alles wurde erreicht, und wie wir aus Moyers Analysen wissen, ist das erst der Anfang!

Was wäre gewesen, wenn Olaf Scholz einen Schritt auf uns zugegangen wäre? Er hätte vielleicht besser auf die Thematik eingehen sollen, als uns zu ignorieren und zu hoffen, dass wir wieder verschwinden – aber letztendlich hat es uns gestärkt, dass er es nicht getan hat.

Der zivile Widerstand ist kein Zaubertrick, der auf wundersame Weise all unsere Probleme löst. Wir sollten jedoch nie vergessen, welche Macht er haben kann. Wenn Millionen Schüler*innen (und ihre Eltern und Lehrer*innen) dem Unterricht fernbleiben und in einen Bildungsstreik eintreten würden (bitte, *Fridays for Future*, fangt wieder damit an!), dann müsste die Politik schlussendlich darauf reagieren.

Wir, die Bürger*innen, können unsere Volksvertreter an ihre Verantwortung erinnern. Und wenn alle bereit sind, diesen mühsamen und steinigen Weg zu gehen und für die teils harten Reaktionen gewappnet sind und sie durchstehen, dann kommen wir zu dem Punkt, an dem sich etwas Großes verändern kann!

4

Allein auf weitem Feld?
Oder:
Von der Kraft der Unterstützung

Ein weiteres entscheidendes Element für den Erfolg des zivilen Widerstands sind die sogenannten Säulen der Unterstützung oder *pillars of support*: Glaubensgemeinschaften, Gewerkschaften, Schulen, Universitäten, Polizei etc. Ich beschreibe in diesem Kapitel, welche besondere Kraft diese Säulen entfalten können und wie man sie für das eigene Anliegen gewinnen kann. Dadurch, dass ich die Vernetzungsgruppe in der *Letzten Generation* initiiert habe, konnte ich etliche persönliche Gespräche mit Menschen aus allen Bereichen der Gesellschaft führen – vom Bischof bis zum Polizeichef. Auch wenn es mühsame Arbeit sein kann, die bisher oft unterschätzt wird, entstehen daraus bedeutsame Begegnungen, die für das Gelingen des Widerstands essenziell sind.

Aus den kleinen Kacheln auf meinem Computerbildschirm blicken mich zwei Polizist*innen an, die sich privat bei der *Letzten Generation* gemeldet haben, um zu fragen, wie sie den Protest unterstützen können. Es ist eines der ersten Gespräche, die ich im Rahmen der Vernetzung mit Polizist*innen führe. Am Anfang habe ich einige Fragen, die die beiden bereitwillig beantworten.

»Woran liegt es eigentlich, dass sich die Polizei nicht aktiver gegen die Klimakrise und das Versagen der Regierung einsetzt?«

»Tja, das frage ich mich auch«, sagt der eine.

Die andere ergänzt: »Ich glaube, den meisten ist die Klimakrise schon bewusst. Manche informieren sich vielleicht nicht ausreichend, denken, das kriegen wir noch irgendwie hin. Doch die Klimakrise wird nicht als unser größtes Problem wahrgenommen. Und selbst wenn sich Polizist*innen einsetzen wollen, werden sie oft zwischen den Hierarchien zerrieben. Da viele Kolleg*innen dann meist noch ein Eigenheim und Kinder haben sowie ein gutes Beamt*innengehalt und Status, läuft es dann meist auf ein Dann-eben-nicht hinaus.«

Ich hake nach: »Es geht doch aber in Ihrem Job sehr wohl darum, sich gegen große Ungerechtigkeiten einzusetzen? Sie haben sich verpflichtet, das Grundgesetz zu schützen, das gerade durch die Klimakrise massiv gefährdet wird.«

Die zwei hören mir interessiert zu. Obwohl es kein persönliches Treffen ist, ist die Atmosphäre zwischen uns freundlich und entspannt.

»Es ist doch so«, rede ich weiter, »die Polizei als zentrales Organ des Staates hat einen riesigen Einfluss in unserer Gesellschaft. Nicht nur, wie Sie sich den friedlichen Protestierenden gegenüber verhalten, sondern auch zu welchen Themen Sie sich wie äußern, sind starke Zeichen. Der Staat ist ja immerhin auf Sie angewiesen.«

Die eine der beiden nickt: »Das stimmt! Aber viele von uns fühlen sich vor allem verpflichtet, die polizeilichen Maßnahmen auszuführen und Verstöße gegen das Gesetz auf der Straße zu verhindern – immerhin begehen sie ja Straftaten und die kann man nicht durchgehen lassen, so die Argumentation vieler. Denn man muss den Rechtsstaat schützen. Wissen Sie, ich versuche wirklich mein Bestes. Doch die Aufklärungsarbeit innerhalb der Polizei zu machen, kostet mich persönlich viel Kraft, es ist mühsam und ich wünschte auch, es würde schneller vorangehen.«

»Ja das kann ich mir sehr gut vorstellen, dass das nicht einfach ist. Ich finde es auch wichtig, dass wir unseren Rechtsstaat respektieren – doch wann kommt der Punkt, wo auch Sie sagen, es ist genug?«

Solche Gespräche führe ich häufiger. Denn dass sich Menschen aus verschiedensten Berufsgruppen melden, um sich über die *Letzte Generation* zu informieren oder sie zu unterstützen, passiert immer öfter – wobei es bei Polizist*innen lange gedauert hat, bis wir zu ersten Gesprächen kamen.

Grundsätzlich habe ich ein zwiegespaltenes Verhältnis zur

Polizei. Auf der einen Seite habe ich schon viele konstruktive Gespräche mit Polizist*innen bei Protesten geführt, habe Freunde und Familienmitglieder, die bei der Polizei arbeiten und von denen ich weiß, dass sie aus einem guten Willen heraus agieren. Ich wollte sogar selbst einmal Polizistin werden, um mich für Gerechtigkeit einzusetzen. Auf der anderen Seite habe ich aggressives und einschüchterndes Verhalten vonseiten der Polizei bei meinen Protesten schon öfter erlebt – am eigenen Leib, aber auch bei anderen friedlich Protestierenden. Besonders oft, wenn sie ausbeuterische Konzerninteressen schützten, so geschehen im Winter 2022/23, als das Dorf Lützerath einem durch den Energiekonzern RWE betriebenen Braunkohletagebau weichen musste. Neben diesen persönlichen Erfahrungen erschreckt mich vor allem der zum Teil tief in der Institution verwurzelte Rassismus und Rechtsextremismus. Dieser zeigt sich beispielsweise in der Praxis des *Racial Profilings*, also der Tatsache, dass Menschen aufgrund rassistischer Diskriminierung oft von der Polizei kontrolliert werden, ohne dass eine konkrete Verdachtsgrundlage besteht.[90]

Doch auch wenn ich zwiegespalten bin, bin ich fest davon überzeugt, dass es wichtig ist, mit der Polizei zu reden, will man mit dem zivilen Widerstand Erfolg haben.

Denn gesellschaftliche Gruppen und Institutionen – wie Polizei, Gewerkschaften, religiöse Gemeinschaften, Universitäten, Schulen, Unternehmen, Gerichte, Vereine und Verbände – haben einen großen Einfluss auf die Gesellschaft. Im *Pillars-of-Support*-Modell[91], dem Modell der »Unterstützenden-Säulen«, das von vielen Forscher*innen aufgegriffen und weiterentwickelt wurde, bilden sie die Pfeiler und tragen die Führung und die Entscheidungsträger*innen eines Systems. Durch ihre Unterstützung geben sie ihnen die Macht und Legitimität, die sie brauchen, um ihre Rolle ausfüllen und ihre Position erhalten zu können. Das Modell zeigt, wie Macht in einem gesellschaftlichen System funktioniert:

Power in any social or political system is something that flows up from below, and this flow almost always takes place through specific institutions.

If we can identify those institutions (...)then we can understand how power operates in that system and be better equipped to change it.[92]

Macht ist in jedem sozialen oder politischen System etwas, das von unten nach oben fließt, und dieser Fluss findet fast immer über bestimmte Institutionen statt.

Wenn wir diese Institutionen und die Ressourcen (...) identifizieren können, dann können wir verstehen, wie Macht in diesem System funktioniert, und sind besser gerüstet, um es zu verändern.

Die Säulen prägen zudem die öffentliche Meinung und haben ganz konkrete soziale Funktionen, weil Menschen auf sie vertrauen und sich an ihnen orientieren. Wenn man sie vom Widerstand überzeugen kann, und sie beginnen, sich gegen die Ungerechtigkeiten mit eigenem Widerstand zu engagieren, sind sie ein kraftvolles Instrument, um die Machtverhältnisse und den Satus quo zu verändern. Und zwar ein richtig kraftvolles!

Die einzelnen Säulen der Gesellschaft können zu Säulen der Unterstützung werden.

Um ein Beispiel zu nennen: Viele Christ*innen setzten sich für die Bürgerrechtsbewegung zur Friedlichen Revolution 1989 ein. Am wohl bekanntesten sind die Friedensgebete, später bezeichnet als Montagsgebete, die zu einer Keimzelle der bereits erwähnten öffentlichen und gewaltfreien Montagsdemonstrationen wurden. Schon seit 1982 wurden die Friedensgebete in der Leipziger Nikolaikirche abgehalten. Gerade unter den Pfarrern Christian Führer und Christoph Wonneberger wurden diese ab 1986 jedoch immer politischer. Hier fielen kritische Worte, die sonst so wenig zu hören waren. Die Kirche bot sichere Räume des Austauschs. Sorgen und Nöte konnten abseits von staatlicher Überwachung geäußert werden. Da die Gebete durch unterschiedliche politische Gruppen mitgestaltet wurden, wurden sie von immer mehr Teilnehmenden besucht und zogen auch Menschen an, die eigentlich keinen Bezug zur Kirche hatten. Nicht nur in Leipzig, sondern auch in anderen Städten wie etwa in Berlin rückten Kirchen in das Zentrum des Widerstands.

Am 4. September 1989 fand in Leipzig nach dem Gebet die erste Montagsdemonstration gegen das politische System der DDR statt. Die Proteste hielten auch nach dem Fall der Berliner Mauer an, bis 1990 bei der ersten (und einzigen) freien Volkskammerwahl der DDR das wichtigste Ziel der Montagsdemonstrationen – der Ruf nach freien Wahlen – erfüllt war. Ohne die Unterstützung der Kirchen hätte der Widerstand diese Kraft wohl nicht entfaltet.

Ein weiteres Beispiel, diesmal aus dem Universitätsbereich, sind die Proteste gegen den Vietnamkrieg von Fakultätsmitgliedern an der Universität von Michigan im Jahr 1965, bei denen eine neue Protestform entwickelt wurde: die Teach-ins. Zuerst war von einigen Professor*innen geplant, einen Streik verbunden mit einer Konferenz, bei der es um den militärisch-zerstörerischen Kurs der US-Politik in Südostasien gehen sollte, zu veranstalten und damit ein Zeichen gegen den Vietnamkrieg zu setzen.[93] Da dieses Vorhaben starken Gegenwind vonseiten der Verwaltung und der Regierung heraufbeschwor, entschied man sich, ein »Teach-in« ins Leben zu rufen, bei dem Student*innen und Professor*innen über den Krieg diskutierten. Die Veranstaltung diente dazu, Bewusstsein zu schaffen, den Dialog zu fördern und den politischen Druck gegen den Krieg zu erhöhen. »Als Wissenschaftler und Lehrer glauben wir, dass diese Aktion eine notwendige Verantwortung gegenüber unseren Studenten und der Gesellschaft im Allgemeinen ist«,[94] schrieben die Professor*innen in einem offenen Brief, und es hagelte Kritik auch von Kolleg*innen und Universitätsleiter*innen, weil sie mit der tief verwurzelten Konvention, die persönliche politische Meinung und die akademische Lehre zu trennen, brachen. Der Gouverneur von Michigan, George Romney, warf ihnen vor: »Das ist das schlimmste Vorbild, das Professor*innen ihren Student*innen geben können.«[95]

Aber auch viele Menschen, die die Wut und die Erschütterung über den Krieg in Vietnam teilten, standen dem Vorgehen kritisch gegenüber. So hatte Kenneth Boulding, ein bekannter Friedensaktivist, Angst, alle würden nur darüber reden, ob es richtig ist, was die Professor*innen machen, und keiner über die US-Bomben, die auf Nordvietnam fielen, und resümierte: »Ich habe vollstes Verständnis für ihre Ziele, aber ich habe große Vorbehalte gegenüber den Mitteln.«[96]

Genau dieses Argument taucht jetzt in der politischen und medialen Auseinandersetzung mit der *Letzten Generation* auch auf!

Vorbehalte gegen die Mittel, aber Verständnis für die Ziele, das schwingt in vielen Statements und Artikeln mit. Es scheint ein typisches Muster der Abwehr zu sein!

Doch zurück zu den Säulen. Auch ich habe schon in der Praxis erlebt, dass der Rückhalt der Säulen einen positiven Effekt auf die Proteste hat. Beim Hungerstreik der *Letzten Generation* haben wir alle möglichen Wissenschaftler*innen, Prominente, Kirchenvertreter*innen, Politiker*innen per E-Mail, auf Social Media über private Kontakte angeschrieben und gefragt, ob sie den Protest unterstützen wollen. Doch nur wenige reagierten auf unsere Anfragen. Es war ein schreckliches Gefühl, so ohne Rückhalt vor die Kameras zu treten und darüber zu sprechen, wie schlimm die Klimakrise ist und anschließend von diversen Medien ins Lächerliche gezogen oder nicht ernst genommen zu werden. So stempelte die Journalistin Rieke Wiemann den Hungerstreik in der taz mit den Worten ab: »Es ist doch so wie mit einem schreienden Kind, das unbedingt ein Eis möchte. Kauft man es ihm, nur weil es lang und laut genug schreit, dann wird es immer wieder schreien, um seinen Willen zu bekommen.«[97]

Obwohl ich mich mit meinem Wissen um die Wirkungsweise des zivilen Widerstands gut gerüstet fühlte und auch die aktuellsten Klimastudien kannte, habe ich bei so viel Gegenwind und Häme angefangen zu zweifeln, ob ich das Richtige mache. Etwa in der dritten Woche des Hungerstreiks meldete sich dann Hans Joachim Schellnhuber, einer der renommiertesten Klimawissenschaftler weltweit und Gründer des Potsdam-Instituts für Klimafolgenforschung (PIK) in einem Offenen Brief zu Wort.

Auch wenn Schellnhuber uns aufforderte, mit dem Hungerstreik aufzuhören, weiß ich noch, wie erleichtert ich war, als der Brief an die Öffentlichkeit kam. Ein weltbekannter Klimaforscher verlieh unserem Anliegen grundsätzlich Legitimität und bestätigte die Dringlichkeit der Krise. Das war ein riesiger Motivationsschub! Ich konnte mich von da an bei Interviews oder Reden auf seine Äußerungen berufen, Zeitungen zitierten seine Worte und unterstrichen das Ausmaß der Klimakrise. Am wichtigsten aber war für mich, dass ich mich nicht mehr so allein mit meinem Anliegen fühlte und dass sich jemand mit wissenschaftlicher Expertise und gesellschaftlicher Anerkennung – so fühlte es sich für mich an – an unsere Seite gestellt hatte. Hans Joachim Schellnhuber saß auch beim darauffolgenden Gespräch mit Olaf Scholz in der Friedrich-Ebert-Stiftung im Publikum.

Bisher wird die Kraft und die Unterstützung, die von den Säulen ausgehen kann, von vielen Protestierenden jedoch unterschätzt – und dadurch entsteht meiner Meinung nach eine große Lücke. Ich beobachte immer wieder, wie bei Vernetzung ausschließlich an die Zusammenarbeit mit anderen Klimagerechtigkeitsgruppen gedacht wird, während andere Säulen außen vor gelassen werden. Auch musste die Vernetzungsgruppe der *Letzten Generation* lange dafür einstehen, dass der Dialog mit den Säulen nicht als netter Nebenaspekt, sondern als Herzstück des zivilen Widerstands gesehen wird. Es überrascht viele zu erfahren, dass erfolgreiche Bewegungen hinter den Kulissen immer Kontakt mit den Säulen der Gesellschaft gesucht haben. Dabei bewegt man sich in einem Spannungsfeld, da normalerweise alle Energie in die Mobilisierung von mehr Teilnehmenden für den Protest fließt, etwa indem Vorträge gehalten werden, anstatt ganze Netzwerke zu mobilisieren.

Dass das aber sehr lohnend für eine Bewegung sein kann, belegen Erica Chenoweth, Andrew Hocking und Zoe Marks in einer Studie[98], in der sie die empirischen Daten von 110 gewaltfreien Massenmobilisierungen zwischen 1945 und 2014 ausgewertet haben, und die zeigt, dass Proteste besonders erfolgreich sind, wenn die Protestierenden die Säulen mitgedacht haben. Die Studie macht auch deutlich, dass es gerade für kleinere Bewegungen zielführender ist, die Unterstützung und Loyalität der Säulen für den Widerstand zu gewinnen, und zwar gerade der Säulen, die ihnen am wenigsten wohlgesinnt sind, anstatt sich allein auf eine schnelle Mobilisierung zu verlassen.

Wenn die Säulen so wichtig sind, wie schaffen Protestierende es dann in der Praxis Unterstützung von ihnen zu bekommen, obwohl sie auf den ersten Blick wenig bis nichts mit ihnen gemeinsam haben?

Der mühsamste Teil ist ganz klar: Überhaupt mit den Säulen in den ersten Kontakt zu kommen.

Man schreibt E-Mails an Kontaktpersonen, die man auf Websites findet und fragt, ob sie bereit für einen Austausch sind. Man ruft in den Büros an und bittet um ein Gespräch. In der Regel wird man vertröstest und hört dann meistens nichts mehr. Manchmal bemüht man sich über Monate, bevor man das erste Mal einen Termin für ein Gespräch bekommt. Es ist nichts, was irrsinnig Spaß macht. Eher etwas, wozu man sich immer wieder aufraffen muss. Aber, Spoiler: Es lohnt sich! Heute rennen die Säulen uns die Bude ein, wir können uns kaum vor Anfragen retten. Was uns natürlich sehr freut!

Das »Schweigen« vieler Institutionen am Anfang rührte wohl daher, dass die Menschen von den Protestierenden ein vorurteilbehaftetes Bild hatten und nur die reißerischen Überschriften in den Medien kannten. Das ist frustrierend, doch man sollte sich davon nicht entmutigen lassen, die öffentliche Wahrnehmung kann sich auch schnell ändern und damit auch die Bereitschaft zu einer Kontaktaufnahme.

Manchmal hat man auch Glück, und man trifft auf Menschen, die ich als Türöffner*innen für die Säulen der Unterstützung bezeichne.

Dann lasse ich alles stehen und liegen, weil es seltene Gelegenheiten für einen besseren Kontakt zu der jeweiligen Säule sind, und ich diese Kontakte nicht wieder verlieren möchte. Mit diesen Menschen kann ich mich auf einer emotionalen Ebene oft auf Anhieb sehr gut verbinden. Sie haben die Dringlichkeit der Klimakrise verstanden und setzen sich in ihrem beruflichen und privaten Umfeld schon dafür ein, dass etwas getan wird. Sie sind auch bereit, mit den Menschen im Protest zu kooperieren und öffnen einem schnell die Türen zu anderen Kontakten, Veranstaltungen und Konferenzen in ihrem Bereich.

Ich selbst bekam über einen solchen Türöffner die Möglichkeit, mehr Menschen im kirchlichen Kontext von unseren Anliegen zu überzeugen: Ich durfte auf dem Jahrestreffen der Jesuiten in Zentraleuropa vor circa 150 Menschen sprechen. Im ersten Moment verunsicherte mich das Angebot sehr. War das doch eine ganz fremde Welt für mich. Was würde mich da erwarten? Wie groß würde die Ablehnung und die Skepsis sein, die mir entgegenschlagen würde? Schließlich ist die Katholische Kirche nicht per se ein Garant für Offenheit und Toleranz!

Auf Augenhöhe in einen Dialog zu gehen und sich gegenseitig wertschätzend zuzuhören – das ist es, worum es gehen muss.

Und so bin ich an einem sonnigen Apriltag in dem malerischen Wallfahrtsort Vierzehnheiligen in Oberfranken angekommen. Die reizvolle Landschaft und die wunderschöne Basilika hatte es mir sofort angetan.

Zuerst war es ein komisches Gefühl, unter so vielen Männern fast die einzige Frau zu sein, auch wenn ich sehr nett empfangen wurde. Vor mir saßen 150 dunkel gekleidete ältere Menschen, hinter mir meine Präsentation auf einer großen Leinwand. Ich fing an, meine Geschichte zu erzählen, sprach davon, dass ich eigentlich Mitte zwanzig ganz andere Pläne für mein Leben hatte. Dann ging ich auf die Strategie des zivilen Widerstands ein und machte die Grundsätze der *Letzten Generation* deutlich, wie etwa, dass sie absolut friedlich ist und gewaltfrei handelt. Immer wieder merke ich dabei, dass diese Grundsätze für viele Menschen noch nicht annähernd so selbstverständlich sind wie für mich.

Meist fühle ich an dieser Stelle meines Vortrags schon, dass sich die Stimmung im Raum verändert und dass die Menschen im Publikum mich nun offener und freundlicher anschauen. Das zeigt mir, wie wichtig es ist, die eigenen Ängste und Träume offenzulegen, eine persönliche Ebene aufzubauen und damit schließlich eine Anknüpfungsmöglichkeit für die Sorgen und Ängste der Menschen im Publikum zu schaffen.

Oft zeigt sich, dass viele Menschen die gleichen Emotionen teilen und grundsätzlich die gleichen Ziele verfolgen.

Doch der richtige Wendepunkt kommt meiner Erfahrung nach erst, wenn man die Menschen an ihre eigenen Ideale erinnert, diese mit der aktuellen Situation verknüpft und zeigt, dass sie diese Werte verraten, wenn sie einfach so weitermachen wie bisher. Das tut manchmal weh, und es kostete mich Mut, in Vierzehnheiligen das ins Mikrophon zu sprechen, doch ich wusste, dass das einige Zuhörende wachrütteln würde. »Wo bleibt die Solidarität, die die Kirche in ihrer Soziallehre predigt?«, fragte ich in den Raum hinein und sagte, dass die Kirche vor allem einen Beitrag leisten kann, indem sie dem Widerstand öffentlich ihre Unterstützung ausspricht und ihm dadurch eine ganz neue Art moralischer Legitimation verschafft.

Man kann und sollte gerade der Katholischen Kirche einige Dinge vorwerfen, wie etwa die mangelnde Aufarbeitung von sexuellem Missbrauch oder die unzureichende Transparenz von Kirchenfinanzen. Und doch stellt sie im Kern viele Werte bereit, die auch für Kampagnen des zivilen Widerstands wichtig sind: Würde und Rechte jedes einzelnen Menschen, Förderung des Gemeinwohls, Einsatz für Gerechtigkeit und Solidarität, Gemeinschaft, Schutz der Umwelt.[99]

Ich versuchte, den Jesuitenpatres zu vermitteln, dass sie es Politik und Medien schwerer machen würden, die Protestierenden zu diskreditieren, sie als Störer*innen darzustellen und zu behaupten, sie würden auf moralischer Ebene nicht richtig handeln, wenn sie den Widerstand öffentlich unterstützen würden. Dann sagte ich, dass ich enttäuscht darüber bin, wie wenig sich die Kirche momentan in die fortlaufende Auseinandersetzung einbringt. Anstatt konsequent und auch im Anbetracht von Spannungen und Krisen wie der Klimakatastrophe ihre Werte zu verteidigen und damit ihrer Verantwortung als moralischer Kompass nachzukommen. In diesem Moment versuchte ich so gut es ging, auch ihre Perspektive, ihre Sicht der Dinge einzubeziehen, denn nur wenn man Menschen wirklich versucht zu verstehen, kann man sie berühren und von dem eigenen Anliegen überzeugen.

Und es funktionierte: Nach meinem Vortrag klatschte das Publikum laut, und einige riefen sogar »Bravo!«.

Ein guter Kontakt mit den einzelnen Säulen beginnt schon bei der Ansprache. Über die Sprache werden die Werte und Sichtweisen auf die Welt vermittelt. Jede Institution besitzt

ihre eigenen Denkmuster und ihre eigenen Formulierungen, ihr eigenes Wording.

Als ich im Rahmen der *Letzten Generation* zusammen mit anderen einen Brief an den Deutschen Gewerkschaftsbund geschrieben habe, ist mir auf der Website des DGB gleich ins Auge gefallen, dass Gewerkschaften sich als »Kämpfer für Mitbestimmung und Demokratie« verstehen.

Ein DGB-Mitarbeiter erzählte uns später im Gespräch, dass das Selbstverständnis von Gewerkschaften sehr stark dadurch geprägt ist, dass durch massive Arbeitskämpfe in der Vergangenheit und durch den Mut der Mitglieder bessere Lebensbedingungen für alle erstritten wurden. So wurden Dinge erkämpft, die für uns heute selbstverständlich sind, wie etwa Lohnfortzahlungen im Krankheitsfall, Arbeitszeitverkürzungen und die Einführung der Fünf-Tage-Woche.

Eine gerechte, demokratische und zukunftsfähige Gesellschaft – das sind gewerkschaftliche Werte, für die sich Protestierende auch einsetzen und an die wir anknüpfen können, um ihre Unterstützung zu erlangen.

Zu welch starken und wertvollen Allianzen es zwischen ganz unterschiedlichen gesellschaftlichen Gruppen kommen kann, wenn man für ein gemeinsames Anliegen kämpft, davon handelt auch einer meiner Lieblingsfilme, *Pride*, von dem Regisseur Matthew Warchus aus dem Jahr 2014.

Basierend auf einer wahren Geschichte, zeigt der Film, wie eine ausgelassene Schwulen- und Lesbentruppe aus London im Sommer 1984 beschließt, den Arbeitskampf der Waliser Bergleute zu unterstützen und auf der Gay-Pride-Demo Geld für die Familien der streikenden Bergleute zu sammeln. Obwohl beide Gruppen anfänglich große Schwierigkeiten haben zusammenzukommen, gewinnen sie an Kraft, sobald sie – nicht zuletzt durch das Engagement einiger Bergarbeiter-Frauen – beginnen, sich über die gemeinsamen Ziele und Anliegen zu verständigen.

Die gegenseitige Unterstützung war von großem Erfolg gekrönt – und zwar nicht nur im Film. Als Folge des gemeinsamen Kampfes setzte sich auch die Gewerkschaftsbewegung für die Rechte von Schwulen und Lesben ein. So sendete die *National Union of Mineworkers* der *Labour Campaign for Lesbian and Gay Rights* auf dem Labour-Parteitag im Oktober 1984 folgende Solidaritätsbotschaft:

> *Support civil liberties and the struggle of lesbians and gay people. We welcome the links forged with South Wales and other areas. Our struggle is yours. Victory to the miners.*[100]

Wir unterstützen die bürgerlichen Freiheiten und den Kampf von Lesben und Schwulen. Wir begrüßen die Verbindungen, die mit Südwales und anderen Gebieten geknüpft wurden. Unser Kampf ist der eure. Sieg für die Bergarbeiter.

Ein Jahr nach Beendigung des Streikes wurde schließlich auf dem Labour-Parteitag ein Antrag eingebracht und angenommen, der die Rechte der Schwulen und Lesben im Parteiprogramm verankert. Ein Erfolg, der ohne die Zustimmung einer wichtigen Gewerkschaft vermutlich nicht möglich gewesen wäre.[101]

Der Zusammenschluss unterschiedlicher Gruppen, die einen Einfluss auf die Gesellschaft haben, entfaltet eine ganz besondere Kraft und stärkt den gemeinsamen politischen Protest.

Eine Herausforderung in der Zusammenarbeit mit den Säulen liegt darin, dass oft erst ein interner Konsens unter den Mitgliedern erreicht werden muss, bevor sie uns unterstützen. Und das kann lange dauern.

Die ganz offensichtlichste Hürde allerdings ist, dass viele Institutionen nicht unabhängig sind, da sie durch Landes- oder Bundesmittel finanziert werden, Fördergelder bekommen oder enge Beziehungen zur Politik pflegen. Erst kürzlich habe ich wieder erlebt, wie bei einer Bildungseinrichtung, die die *Letzte Generation* eigentlich organisatorisch unterstützen wollte, die Führungsebene schlussendlich aber doch kalte Füße bekam, weil man Druck aus der Politik fürchtete. Das fand ich schockierend!

Was dann passierte, war jedoch interessant: Die Mitarbeitenden wollten sich nicht mit der ablehnenden Haltung ihrer Vorgesetzt*innen abfinden. So nahmen sich die Trainer*innen frei und gaben uns die Fortbildung außerhalb ihrer Arbeitszeit.

Intern stieß der Vorgang natürlich eine ziemliche Debatte an. Gut so!

Ein Gespräch ohne ein positives Auseinandergehen habe ich in diesem Kontext übrigens bisher noch nicht erlebt. Auf der Jesuitenkonferenz beispielsweise kamen einige Menschen direkt nach meinem Vortrag zu mir, schüttelten mir die Hände und bedankten sich für meine Worte. Ich knüpfte Kontakte und nach der Konferenz durfte ich einen Artikel in der christlichen Monatszeitschrift Stimme der Zeit veröffentlichen, in dem ich darüber schreibe, welche Rolle die Kirche im Kampf gegen die Klimakrise spielen könnte und sollte. Nach meinem Vortrag sprachen die Jesuiten jungen Klimaaktivist*innen öffentlich Unterstützung für ihren Einsatz aus. »Jesuiten in Zentraleuropa unterstützen das Engagement junger Klimaaktivisten und wollen ihren eigenen Einsatz für eine sozial-ökologische Transformation verstärken« schreiben sie auf ihrer Website und weiter: »Die Rolle der Kirche ist es, die Armen und Unterdrückten der Welt zu unterstützen sowie sich für den Schutz der Lebensgrundlagen und das Gemeinwohl einzusetzen. Hier sind wir Jesuiten im reichen Globalen Norden in der Pflicht.«[102]

Häufig haben solche Zusammenkünfte und Auftritte auch eine Strahlwirkung in die jeweilige Institution hinein – wie ein Samen, den man in fruchtbare Erde legt und der dann langsam keimt und wächst.

Neue Kontakte entstehen und die Impulse, die man gegeben hat, wirken noch lange nach. Bestenfalls entwickelt sich ein Dominoeffekt: Die Teilnehmenden erzählen anderen Leuten, wie überzeugend der Vortrag war. Vorurteile können dabei abgebaut, Gerüchte zerstreut werden.

Einen großen Erfolg der Vernetzungsarbeit konnte die *Letzte Generation* auch in Berlin verbuchen. Während der Proteste durften wir die St.-Thomas-Kirche am Mariannenplatz nutzen – das war eine ganz schön beeindruckende Atmosphäre mit Hunderten von Widerständler*innen in einer Kirche zu sein. Und es zeigt, wie die Vernetzung Früchte trägt.

Auf die Frage, warum die evangelische Kirche die *Letzte Generation* unterstützt, sagte Bertold Höcker, Superintendent des Evangelischen Kirchenkreises Stadtmitte im Interview mit dem Domradio: »Weil wir die Ziele der *Letzten Generation* eins zu eins teilen. Die Bewahrung der Schöpfung ist uns als biblischer Auftrag als Kirche anvertraut. Und das ist letztendlich auch das, was die *Letzte Generation* will.«[103]

Meine Erfahrungen aus den unterschiedlichsten Kontakten und Gesprächen möchte ich gerne in Zukunft weiter systematisieren, so dass klar wird, mit welchen Argumenten, Stichwörtern oder Protestformen man die jeweiligen Institutionen am besten erreichen kann. Auch die Forschung zu den »Säulen der Unterstützung« steckt noch in den Kinderschuhen. Wir müssen aber darüber unbedingt noch mehr lernen, da sie so ein wichtiger Bestandteil des zivilen Widerstands sind.

Mir ist klar, dass es auch innerhalb der Säulen viel Überzeugungsarbeit und Mut braucht, um mit uns ins Gespräch zu kommen. Mit Argusaugen wird in der Öffentlichkeit und vonseiten der Politik eine solche Zusammenarbeit oder gar aktive Unterstützung beobachtet. Und manchmal wird auch eine Ladung Hass auf sie abgelassen.

So geschehen bei ökoworld. Das Unternehmen, ein ethischer Fondsanbieter, wollte alle unsere Bußgelder, Geldstrafen und Gebührenbescheide übernehmen – und zwar in voller Höhe. Was für ein Zeichen! Kurzer Zeit später der Rückzieher. Alfred Platow, der Gründer des Unternehmens erklärte diesen Schritt damit, dass das Unternehmen massiv öffentlich angefeindet wurde und selbst Mitarbeiter*innen davon betroffen seien. In einem Statement auf der Unternehmens-Website schreibt er: »Am 2. Mai habe ich via Pressemeldung Unterstützung für die Ziele der *Letzten Generation* angekündigt (...) Mein Ziel: Auf die Dringlichkeit des Handelns gegen die Klimaerwärmung hinzuweisen.

Mit Kritik hatte ich gerechnet, allerdings nicht in diesem emotionalen Ausmaß. Zudem geht es bei den Reaktionen weniger um die Inhalte des Klimaschutzes, sondern nahezu ausschließlich um das Thema der Strafen und Gebühren sowie um mögliche Anstiftung zu Straftaten.«[104]

Angesichts solcher Reaktionen kann ich eine zögerliche Reaktion auf unsere Kontaktaufnahmen natürlich gut verstehen.

Auch bekomme ich immer wieder entgegengehalten, dass Menschen der Meinung sind, sich lieber in ihrem aktuellen Tätigkeitsfeld für Klimaschutz engagieren zu wollen, als anzuecken und sich beispielsweise öffentlich zu positionieren oder selbst Widerstand zu leisten. Wir hören dann solche Sätze wie: »Wenn ich mich mit euch auf die Straße klebe, würde das nicht viel bringen – lieber engagiere ich mich weiter in meinem beruflichen oder privaten Umfeld.«

In diesen Momenten bin ich zwiegespalten. Auf der einen Seite gebe ich ihnen recht, denn diese Menschen leisten zum Teil unglaublich wichtige Arbeit, gehen immer wieder in den Dialog mit Kolleg*innen, Vorgesetzen, Freund*innen, Nachbar*innen und bringen viele neue Projekte voran.

Doch reicht das?

Am Beispiel der Wissenschaft sieht man meines Erachtens, dass es das nicht tut. Klimawissenschaftler*innen haben seit Jahrzehnten Tausende Studien veröffentlicht, um über die Klimakrise aufzuklären. Sie trugen immer mehr und mehr Daten und Fakten in die Öffentlichkeit, um darauf hinzuweisen, wie prekär die Lage ist. Diese wissenschaftliche Arbeit war und bleibt enorm wichtig, keine Frage. Doch sehen wir gerade mehr denn je, dass wissenschaftliche Erkenntnisse, so unumstritten und eindeutig sie auch sind, nicht zu schnellerem und adäquatem politischen Handeln führen.

Manchmal denke ich: Hätten die Wissenschaftler*innen doch seit den 1970er Jahren, seitdem klar war, was mit der Klimakrise auf uns zukommt, mal etwas anderes ausprobiert: globale Bildungsstreiks, Blockaden, Boykotte … Vielleicht wären wir dann schon weiter. Denn, wie schon gesagt, wenn sich mehr und mehr Institutionen öffentlich zum Widerstand entschließen, entfaltet sich eine besondere Kraft. Doch dazu braucht es Menschen, Vorreiter*innen, die selbst aktiv werden und den Konflikt suchen und buchstäblich auf die Straße gehen oder den Staat sonst mit widerständigen Handlungen herausfordern. Auch wenn das für den Einzelnen erst mal bedrohlich ist. Denn wer sich derart klar positioniert, riskiert auch in einer Demokratie viel – teilweise sogar die eigene berufliche Existenz!

Es erfordert Mut, unbequem zu sein! Und ich verstehe es auch als die Aufgabe der Protestierenden, diesen Menschen beizustehen, wenn sie aus einer Institution heraus einen Schritt in die Öffentlichkeit wagen.

Ich persönlich versuche ihnen dann Dankbarkeit und Unterstützung zukommen zu lassen, indem ich ihnen Nachrichten schicke, wenn sie öffentlich für ihre Unterstützung kritisiert werden. (So etwas kann man auch koordiniert starten, zum Beispiel wenn die Institutionen viel Hatemails erhalten, dann einfach alle auffordern, positive Nachrichten an die öffentliche E-Mail zu schreiben.)

Für mich besteht kein Zweifel: Wenn eine Bewegung es schafft, mit vielen gesellschaftlichen Institutionen in Kontakt zu kommen und am Ende von diesen sogar öffentlich unterstützt zu werden, dann gewinnt der Widerstand an Kraft. Dann wird es für die Politik immer schwerer, die Protestierenden als Spinner zu diskreditieren oder als eine unbedeutende Minderheit abzutun.

Auch alle, die dieses Buch lesen, sind Teil einer privaten oder beruflichen Blase, eines Netzwerkes, vielleicht sogar einer Institution.

Wenn wir alle zusammen widerständig handeln, hat das nicht nur für uns Konsequenzen, sondern kann viele Bereiche der Gesellschaft von innen heraus verändern und die Entscheider*innen zum Handeln bringen.

Zurück zu meinem Videocall mit den zwei Polizist*innen, der so sachlich begann und gegen Ende so emotional wird.

Bevor wir uns verabschieden, überlegen wir, wie wir den Dialog weiter anstoßen und nicht nur die Kolleg*innen vor Ort, sondern im ganzen Land erreichen können. Wir denken dabei an Vorträge und eine Website – und wie die beiden Polizist*innen öffentlich ein Zeichen setzen können. Wir überlegen auch, wie die Protestierenden ihren Umgang mit der Polizei während des Protests verbessern können, damit unsere friedliche Absicht noch deutlicher wird.

»Was haltet ihr davon, einen gemeinsamen Trainingstag zu organisieren«, schlage ich vor. Die zwei nicken und wollen den Vorschlag mit ihren Vorgesetzten besprechen. Ein kleiner, erster Schritt, aber wir gehen recht zuversichtlich auseinander. Die beiden hatten den Mut, uns anzusprechen, und wir haben einander zugehört. Daraus kann nun noch mehr entstehen.

In den letzten Minuten unseres Gesprächs fängt schließlich einer der beiden Polizist*innen leise an zu weinen. Dann spricht er sehr offen darüber, wie alleingelassen er sich fühlt und wie er schon seit Jahren versucht, die eingerosteten Strukturen aufzubrechen. Die Klimakrise mache ihm Angst. Dass er endlich offen mit Klimaschützer*innen darüber sprechen kann, bewege ihn sehr, weil er da bisher häufig auf Vorurteile und Ablehnung wegen seines Berufes gestoßen sei.

Auch ich merke, wie mir die Tränen kommen, da ich dieses Gefühl des Alleinseins mit der Angst so gut kenne. In diesem Moment fühle ich mich tief mit ihm verbunden.

»Danke für das Gespräch«, höre ich einen der beiden sagen. »Ich glaube, gemeinsam können wir richtig etwas bewegen.«

5

Netter Nebeneffekt?
Oder:
Die Bedeutung von Unterschied-
lichkeiten im zivilen Widerstand

Was macht einen Protest noch erfolgreich? Wissenschaftlich ist nachgewiesen, dass die Beteiligung von
Frauen einen positiven Effekt auf den Erfolg des zivilen
Widerstands hat. Auch die Teilnahme unterschiedlichster Gruppen wie LGBTQ+ im zivilen Widerstand zählt.
Diese wichtigen Rollen der Frauen, Trans- und queeren
Menschen im zivilen Widerstand verschwinden aber
oft hinter den Auftritten männlicher Widerständler[105] –
historisch wie heute. In diesem Kapitel teile ich meine
eigenen Herausforderungen als Frau im zivilen Widerstand, sei es im direkten Protest auf der Straße oder
in der Hintergrundarbeit. Ich spreche auch darüber,
was mir hilft, mit der Doppelbelastung umzugehen und
dem Unsichtbarmachen etwas entgegenzusetzen.

Wir können Gewalt nicht über Gewaltfreiheit siegen lassen«,[106] diesen Satz meines großen Vorbildes Diana Nash habe ich immer wieder im Kopf, wenn ich Widerstand leiste. Es ist ein Satz, den sie sagte, als sie die zweite Welle der *Freedom Riders* anführte, um gegen die Segregation (»Rassentrennung«) in öffentlichen Autobussen zu kämpfen. Gerade weil der ersten Welle so viel Gewalt entgegengeschlagen war, entschied sie sich weiterzumachen und das Prinzip der Gewaltfreiheit hochzuhalten.

Diese Entschlossenheit hat mich tief beeindruckt und mir Kraft gegeben, mich gegen die politische Ignoranz, auf die unsere Anliegen immer wieder trafen, zu stellen und für das einzustehen, von dem ich fest überzeugt bin.

Auf Diana Nash bin ich bei meiner Recherche über zivilen Widerstand während meines Masters gestoßen. Ich kannte sie damals noch nicht und war sofort vollkommen eingenommen von ihrer Geschichte. Sie ist heute 85 Jahre alt und einer der charismatischsten Menschen, von denen ich gelesen habe. Sie einmal zu treffen, ist ein Traum von mir!

Umso mehr überraschte es mich, wie sehr ihre Rolle in der US-amerikanischen Bürgerrechtsbewegung hinter den großen Namen der männlichen Widerständler verschwindet. Bei meiner weiteren Arbeit merkte ich, dass sie da nicht die Einzige ist.

Ich fing an, eine Liste mit unbekannten, aber starken Widerständler*innen[107] zu schreiben, die aufgrund unterschiedlichster Diskriminierungen – sei es Rassismus-Erfahrungen, sexuelle Orientierung, Behinderung, Religion, eigene Geschlechtsidentität, Ethnie, Alter – bislang keine oder nur wenig Beachtung fanden.

Feminismus und Gleichberechtigung sind Themen, die mich auf vielen Ebenen bewegen und die mein ganzes Leben durchdringen, schon bevor ich mich mit der Klimakrise auseinandersetzte. Ich habe mich in den Gedichten der Dichterin, Künstlerin und Performerin rupi kaur verloren und die Reden und das Auftreten der Politikerin Alexandria Ocasio-Cortez bewundert. In der Studierendenvertretung an der Universität Oxford, in deren historischen Gemäuern an den Wänden meist nur Bilder von Männern hängen, habe ich mich dafür eingesetzt, dass bei der Auswahl der Bewerbungen für das Fach Internationale Beziehungen mehr auf die unterschiedlichsten Hintergründe geachtet wird.

Deswegen war ich auch wie vor den Kopf geschlagen, als ich zum ersten Mal von Mitstreiter*innen im Klimaschutz Sätze hörte wie: »Ja, das sind alles wichtige Themen, aber wir können unsere Energie nur in eine Sache stecken, und der Klimaschutz ist wichtiger. Denn wenn wir die Klimakrise nicht in den Griff bekommen, dann sind die anderen Themen auch egal.« Oder: »Voll gut, dass du das einbringst, aber ich persönlich habe nicht so viel Zeit, mich damit zu beschäftigen.«

Solche Bemerkungen schockieren mich immer wieder – denn hey, ist es denn keine Selbstverständlichkeit, dass das Thema Gleichberechtigung auch innerhalb unserer Gruppen angegangen wird und dass Protestierende natürlich auch dafür Verantwortung übernehmen müssen? Dass das von manchen männlichen Mitstreitern anscheinend anders gesehen wird, verärgert mich besonders. Klar, die Klimakrise ist auch mein großes Anliegen, und es kostet Extra-Zeit, auch noch auf Diskriminierungstendenzen innerhalb der eigenen Gruppe zu achten, aber diese Werte hintanstellen, bis die Klimakrise irgendwann einmal gelöst ist?

Niemals! Zumal die Klimakrise so eng mit Rassismus, LGBTQ+-Feindlichkeit, Ableismus (Behinderten-Feindlichkeit), Klassismus und Sexismus verbunden ist und diese Tendenzen sogar noch verstärkt. Die Broschüre »Kolonialismus und Klimakrise. Über 500 Jahre Widerstand« von der BUND-Jugend beschreibt diesen Zusammenhang: »Menschen, die von Rassismus und/oder Sexismus betroffen sind, haben zum Beispiel nicht dieselben Voraussetzungen beim Zugang zu Wohnraum, Land, medizinischer Versorgung oder Evakuierungsmöglichkeiten im Fall von Naturkatastrophen (und stoßen auch automatisch weniger Emissionen aus). Sie sitzen seltener in Entscheidungspositionen zu Klimaschutzmaßnahmen (…)«[108]

Die Forschung und viele historische Beispiele zu Frauen und LGBTQ+-Menschen im zivilen Widerstand belegen, wie wichtig es ist, auf Unterschiedlichkeiten einzugehen. Und es gibt aktuelle Studien, die zu dem Ergebnis kommen:

Kampagnen des zivilen Widerstands sind erfolgreicher, wenn an zentralen Stellen Frauen und Menschen mit unterschiedlichen Hintergründen das Zepter in der Hand halten!

Ein Forschungsteam um Erica Chenoweth hat im Jahr 2019 systematisch untersucht, welchen Effekt die Beteiligung von Frauen auf den Erfolg von Bewegungen des zivilen Widerstands hat. Dafür haben sie insgesamt 338 Widerstandskampagnen zwischen 1945 und 2014 in den Blick genommen und ein besonderes Augenmerk auf die Geschlechterdynamik und die Form der Beteiligung von Frauen innerhalb der Kampagnen gelegt. Das Ergebnis war eindeutig: Die Beteiligung von Frauen in wichtigen Positionen trägt positiv zum Erfolg von Widerstandskampagnen bei:

> *Political scientists have long noted that women's civil rights and democracy go hand in hand, but they have been slower to recognize that the former is a precondition for the latter. (…) when women participate in mass movements, those movements are both more likely to succeed and more likely to lead to more egalitarian democracy. In other words, fully free, politically active women are a threat to authoritarian and authoritarian-leaning leaders —and those leaders have a strategic reason to be sexist.*[109]

Politikwissenschaftler haben schon lange festgestellt, dass die Bürgerrechte von Frauen und die Demokratie Hand in Hand gehen, aber sie haben erst langsam erkannt, dass Ersteres eine Voraussetzung für Letzteres ist. (…) Wenn Frauen an Massenbewegungen teilnehmen, haben diese Bewegungen eine höhere Erfolgswahrscheinlichkeit und führen mit größerer Wahrscheinlichkeit zu einer egalitäreren Demokratie. Mit anderen Worten: Völlig freie, politisch aktive Frauen sind eine Bedrohung für autoritäre und autoritär gesinnte Machthaber – und deshalb haben diese einen strategischen Grund, sexistisch zu sein.

Wieso ist das so? Erica Chenoweth zeigt in ihrem Buch »*Civil Resistance: What Everyone Needs to Know*® (Ziviler Widerstand. Was jeder wissen sollte), dass das verschiedene Gründe haben kann. Der naheliegendste ist, dass Gruppen, die Frauen – über welche Mechanismen und aus welchen Gründen auch immer – ausschließen oder von sich fernhalten, per se einen Großteil der Bevölkerung weder repräsentieren noch ansprechen. Wie entscheidend es aber für den Erfolg des zivilen Widerstands sein kann, die unterschiedlichsten Bevölkerungsgruppen mitzunehmen, darüber habe ich in Kapitel 3 geschrieben.

Erica Chenoweth und ihre Kolleg*innen zeigen außerdem, dass Bewegungen mit einer großen Beteiligung von Frauen disziplinierter gewaltfrei sind und dass darüber hinaus Frauen häufig sogar ganz neue und innovative Formen des gewaltfreien Widerstands entwickelt haben, inspiriert auch von der eigenen Lebensrealität.[110]

Ohne Frauen und die unterschiedlichsten Menschen würde es zum Beispiel auch bei der *Letzten Generation* viele Arbeitsgruppen gar nicht geben, denn es waren genau diese Protestierenden, die solche Teams initiiert und vorangebracht haben.

Ich bin davon überzeugt, dass die *Letzte Generation* nie so erfolgreich wäre, wenn wir nicht strikt darauf achten

würden, dass wichtige Positionen innerhalb der Bewegung mit den unterschiedlichsten Menschen besetzt werden.

Auch das hohe Maß an Gewaltfreiheit weiblicher Protestierender im Vergleich zu männlichen Mitstreitern, wie von Erica Chenoweth beschrieben, kann ich aus der Praxis bestätigen. Bei Protesten habe ich schon öfter mitbekommen, wie männliches Dominanzverhalten zutage tritt: Es wird sich aggressiv gezeigt, die Polizei wird provoziert, es wird sich nicht immer an Absprachen gehalten und lautstark werden Anweisungen an andere gegeben. Dadurch entsteht schnell eine aufgeladene Stimmung, und das friedliche Bild des Protests wird gestört. Dagegen habe ich die Erfahrung gemacht, dass, wenn beispielsweise Frauen vorne stehen, der Protest viel friedlicher wirkt. Und darüber hinaus habe ich auch die Erfahrung gemacht, dass sich viele Beobachter*innen und Umstehende von einer Gruppe protestierender Frauen weit weniger »eingeschüchtert« oder »bedroht« fühlen als von einer Gruppe junger Männer. Keineswegs will ich allerdings damit sagen, dass Frauen von ihrem biologischen Wesen her friedlicher sind, aber in vielen von uns steckt die gesellschaftliche Sozialisierung, die uns eher vorsichtiger und leiser auftreten lässt.

Das birgt natürlich ein gewisses Dilemma. Denn einerseits sollten Frauen auch im zivilen Widerstand auf keinen Fall in ihre stereotypischen Rollen zurückgedrängt werden. Andererseits können diese erlernten Rollenbilder dem Protest teils sogar zugutekommen. So gab es einen Klimaprotest in Australien, bei dem sich eine junge Frau neben einen brennenden Kinderwagen gesetzt hat. Ein Bild, das auf ein stereotypes

Frauenbild Bezug nimmt. Aber eben auch ein sehr starkes Bild. Es schockiert und zeigt die ganze Brutalität der Klimakrise. Denn tatsächlich stellen sich viele Frauen in meinem Alter die Frage, ob man in diese Welt noch Kinder setzen sollte. Mich jedenfalls hat die Protestform dieser jungen Australierin emotional sehr aufgerüttelt.

Chenoweth und ihre Kolleg*innen haben ihre Forschung zu Frauen im zivilen Widerstand inzwischen weiterentwickelt und über den gleichen Zeitraum auch die Jugend- und LGBTQ+-Beteiligung miteinbezogen.[111] Es ist eins der wenigen Forschungsprojekte zu diesem Thema, da es zu diesen diskriminierten Gruppen – wie in vielen anderen akademischen Bereichen auch – wissenschaftlich noch große Leerstellen gibt. (Was dringend behoben werden sollte!)

Auch wenn die Forschungsergebnisse noch weiter gefestigt werden müssen, spricht die Studie eindeutig dafür, dass politische Entscheidungsträger*innen und Organisator*innen, die eine integrative, demokratisierende Wirkung anstreben, die Beteiligung von Jugendlichen und LGBTQ+-Gruppen an Protestbewegungen begrüßen sollten.[112]

Ergänzend dazu gibt es unzählige starke Beispiele aus der Praxis! Und dabei fällt sofort ins Auge, wie vielfältig und kreativ Protestformen sind, die LGBTQ+-Menschen anwenden und in vielen Bereichen sogar ins Leben gerufen haben: wie zum Beispiel die Sip-ins (*sip* zu deutsch: nippen, süffeln). Eine Protestform, die in den USA Mitte der 1960er Jahre, angelehnt an die Sit-ins der US-amerikanischen Bürgerrechtsbewegung, entstanden ist. Damals wurden Menschen aus der LBGTQ+-Community oft aus Lokalen geworfen, auch wenn es dazu keine rechtliche Grundlage gab. So hing in der Julius-Bar in New York ein Schild mit der Aufschrift: »*If you're gay, go away*« (»Wenn du schwul bist, hau ab!«). Am 21. April 1966 besuchten einige junge Männer diese Bar, outeten sich als schwul und bestanden darauf, bedient zu werden. Ein Zeitungsfotograf hielt genau den Moment fest[113]. Das Foto ging um die Welt und gab der Schwulenbewegung einen gewaltigen Schub.

Aus solchen Protesten heraus entwickelte sich unter anderem mit *Act Up* (AIDS Coalition to Unleash Power, »AIDS-Koalition, um Kraft zu entfesseln«) eine Gruppe, die riesige Kampagnen gegen die AIDS-Pandemie gefahren hat.[114]

Dass das Outing ein starkes Zeichen des Widerstands sein kann, davon spricht auch der bekannte Soziologe und Schriftsteller George Lakey, der sich selbst in den 1970er Jahren auf einer nationalen Quäker-Konferenz in einer Rede vor tausend Menschen outete: »Ich habe auch gelernt, dass ein Coming-out eine wirksame gewaltfreie Taktik ist, die zu den Methoden der Nichtkooperation in Gene Sharps klassischer Taxonomie hinzukommt. Es stellt sich heraus, dass die Unterdrückung der Homosexuellen, um stabil zu bleiben, darauf angewiesen ist, dass wir unsichtbar bleiben.«[115]

Im Angesicht der aktuellen Entwicklungen, bei denen in vielen Ländern der Druck auf die LGBTQ+-Bewegung immer weiter erhöht wird, kann das auch heute eine sehr wirkungsvolle Form des Protests sein.

Frauen-, Queerbewegungen etc. waren im Laufe der Geschichte und auf der ganzen Welt weitgehend gewaltfrei

**und haben daher einen großen Beitrag zum Kanon gewalt-
freier Proteste geleistet.**

Dass sich der zivile Widerstand nicht ohne die Kreativität
und den Mut dieser unterschiedlichsten Gruppen, die weitgehend aus dem politischen Raum ausgeschlossen waren, entwickelt hätte – diese Erkenntnis war für mich ein richtiger
Augenöffner und ist für meinen Protest eine unglaubliche
Inspiration und Motivation.

Gerade deswegen macht es mich wütend und traurig, dass
Menschen unsichtbar gemacht werden. Eine Bewegung besteht nicht aus einem oder wenigen Menschen, sondern ganz
viele machen ganz wichtige Arbeit, die aber oft nicht gesehen
wird. Und meist handelt es sich dabei um Menschen aus den
oben genannten Gruppen. Das spiegelt sich auch in einem
ganz besonderen Moment der Bürgerrechtsbewegung wider.

Ich erinnere mich noch ganz genau, wie wir im Englisch-
unterricht in der elften Klasse die »*I have a dream*«-Rede
von Dr. Martin Luther King hörten, die er 1963 vor über
200 000 Menschen in Washington hielt. Seine markante Stimme hallte ohrenbetäubend laut von den Stufen des Lincoln-
Denkmals durch unseren Klassenraum, und ich konnte die
Energie und die Kraft regelrecht spüren, die von diesem
Traum von Freiheit und Gleichberechtigung ausging. Was
ich damals als 16-jährige Schülerin nicht wusste und meine
Klassenkamerad*innen und meine Lehrerin vermutlich auch
nicht, ist, dass dieser Moment ohne die Arbeit und den Einfluss unterschiedlichster Menschen gar nicht so stattgefun-
den hätte.

Schon an der Organisation des Marsches auf Washington, bei dem King schließlich seine Rede hielt, waren Frauen maßgeblich beteiligt. Selbst Reden halten durften sie allerdings nicht. Die Bürgerrechtlerin Dorothy I. Height, die auf der Sprechertribüne saß, als King vor die Mikrophone trat, beklagte, dass die Teilnahme der Frauen nicht ernst genommen wurde. Die Organisatoren des Marsches hätten viele Ausreden vorgebracht. »Sie sagten: ›Wir haben ohnehin schon zu viele Redner. Das Programm ist zu lang. Ihr seid bereits vertreten‹«. Und Height berichtet, dass Frauen über diese Behandlung wütend waren, weil sie »tatsächlich das Rückgrat der Bewegung« darstellten.[116]

Für Kings Rede selbst war Prathia Hall mitverantwortlich. Trotz ihres jungen Alters wurde sie innerhalb der Bürgerrechtsbewegung für ihre Reden und ihre rhetorische Begabung sehr geschätzt. Im Sommer 1962 leitete sie eine Gebetswache, zu der auch Martin Luther King eingeladen war. Der mündlichen Tradition folgend, wiederholte sie in ihrem Gebet mehrfach die Worte *»I have a dream«*, auf die jedes Mal eine Vision von Gleichheit und Gerechtigkeit folgte. »Sie war wirklich eine sehr eindrucksvolle Rednerin. Ich erinnere mich, dass ich ehrfürchtig war«, sagte ein Anwesender.[117] Im Anschluss bat King Prathia Hall darum, die Phrase *»I have a dream«* in seinen Reden nutzen zu dürfen – und die junge Frau stimmte zu.

In dem Manuskript für seine Rede beim Marsch auf Washington war der bis heute berühmte Absatz mit den Worten *»I have a dream«* jedoch nicht eingeplant, und die Rede sollte eigentlich um einiges kürzer werden. Einer seiner Berater hatte zu King gesagt: »Verwende nicht den Satz ›Ich habe einen Traum‹. Er ist abgedroschen, er ist ein Klischee. Du hast ihn schon zu oft benutzt.«[118]

Erst als die Gospelsängerin Mahalia Jackson, die kurz vor King in Washington einen Auftritt hatte, ihm zurief:

»Tell 'em about the dream, Martin.« – »Erzähl ihnen von deinem Traum, Martin!«, verwarf er sein Manuskript und sagte den berühmten Satz: »Trotz der Schwierigkeiten, mit denen wir heute und morgen konfrontiert sind, habe ich noch immer einen Traum ...«

Immer wenn ich an dieses Beispiel denke, macht es mich wütend! Martin Luther King wird für diese große Rede gefeiert, und sie geht in die Geschichte ein. Sie ist herausragend, keine Frage. Und doch verschwinden hinter all dem Glanz und der Verehrung die Frauen, die einen maßgeblichen Einfluss auf seinen Auftritt und seine Worte hatten und damit einen der wichtigsten und symbolträchtigsten Momente der US-amerikanischen Bürgerrechtsbewegung mitprägten.

Und das ist kein Einzelfall. Häufig wird der Beitrag von Frauen zum zivilen Widerstand auch kleingehalten, indem ihm der politische und strategische Hintergrund genommen wird. So stoße ich immer wieder auf Erzählungen, in denen die US-amerikanische Bürgerrechtlerin Rosa Parks wegen ihrer »müden Füße« nach einem langen anstrengenden Arbeitstag den Platz im Bus für einen *weißen* Fahrgast nicht geräumt habe.

Die präzise Strategin und aktiver Teil der *National Association for the Advancement of Colored People* (NAACP) nennt in ihrer Autobiographie ihre wahren Beweggründe:

»Die Leute sagen immer, dass ich meinen Platz nicht aufgegeben habe, weil ich müde war, aber das ist nicht wahr. Ich war nicht müde, jedenfalls nicht müder als ich normalerweise am Ende eines Arbeitstages war. (...) Nein, ich war nur müde, weil ich es leid war, nachzugeben.«[119]

In ihrer Entschlossenheit spiegelt sich auch ihr Wille zum Widerstand: »Ich dachte an Emmett Till – einen 14-jährigen Afroamerikaner, der 1955 in Mississippi gelyncht wurde, nachdem er beschuldigt worden war, eine *weiße* Frau im Lebensmittelladen ihrer Familie beleidigt zu haben, und dessen Mörder vor Gericht gestellt und freigesprochen wurden – und ich konnte einfach nicht mehr zurück.«[120]

Rosa Parks war nicht die erste und einzige Frau, die sich gegen die Segregation zur Wehr setzte. Ein 15-jähriges Mädchen, Claudette Colvin, hatte sich fünf Monate vor Parks geweigert, ihren Platz in einem öffentlichen Bus für einen *weißen* Fahrgast freizumachen. Erst 2021, ganze 66 Jahre nach dem Ereignis, wurde ihr Strafeintrag, den sie daraufhin erhielt, aus dem Register gelöscht.

Das wissen viele nicht, und auch nicht, dass der Montgomery-Bus-Boykott von 1955 von einer Frau initiiert wurde: Jo Ann Robinson. Nachdem Robinson verbal von einem Busfahrer angegriffen worden war, weil sie im »whites-only«-Bereich des Busses saß, und vor dem Hintergrund von Rosa Parks Verhaftung, entschied sie sich, selbst aktiv zu werden. Gemeinsam mit anderen Vorsitzenden des Women's Political Council, einer Organisation für berufstätige Schwarze Frauen in Montgomery, druckte sie Tausende Flyer und initiierte schließlich am 5. Dezember 1955 einen eintägigen Boykott.

Als dieser ein Riesenerfolg wurde, entschieden die Schwarzen Bewohner*innen von Montgomery die *Montgo-*

mery Improvement Association (MIA) zu gründen, deren Präsident schließlich Martin Luther King wurde. Obwohl Robinson von da an eher im Hintergrund arbeitete, blieb sie aktiv. Martin Luther King schrieb in seinen Memoiren zu dem Boykott: »Sie war scheinbar unermüdlich und vielleicht mehr als jede andere Person auf allen Ebenen des Protests aktiv.«[121]

Wer auch noch relativ versteckt hinter Martin Luther King innerhalb der Bürgerrechtsbewegung blieb, war Bayard Rustin, einer der strategischen Köpfe und Hauptorganisatoren des Marsches auf Washington. Er war ein enger Berater von Martin Luther King und führte ihn in die Theorie des gewaltfreien Widerstands ein. Rustin erinnerte sich später: »Das Wunderbare ist, dass er (King) durch den Kampf selbst und durch die Lektüre und die Diskussionen, die er während der Durchführung des Protests führte, zu einem tiefgreifenden Verständnis der Gewaltlosigkeit gelangte.«[122] Wegen seiner Homosexualität wurde Bayard Rustin diskriminiert, und auch auf King wurde von außen Druck ausgeübt, sich von ihm zu trennen. Denn unter anderem wurde den beiden eine Affäre unterstellt.[123]

Wie sehr doch die Bürgerrechtsbewegung von so vielen unterschiedlichen Frauen und LGBTQ+-Menschen geprägt wurde und wie unsichtbar die meisten von ihnen heute im kollektiven Gedächtnis noch sind! Das beschäftigt mich wirklich, und ich finde es wichtig, hier weiter zu forschen. Doch die US-amerikanische Bürgerrechtsbewegung ist ja nur ein kleiner Teil der Menschheitsgeschichte, die ich hier beispielhaft herangezogen habe, weil sich an ihr ziviler Widerstand so gut darstellen lässt. Wie viele starke, charismatische und bewegende Persönlichkeiten gibt es noch zu entdecken!

Das 2022 erschienene Buch »*Unlearn Patriarchy*«[124] hat mir dazu noch mal richtig die Augen geöffnet. Es versammelt Texte vieler bekannter Autor*innen und Denker*innen, die zeigen, wie sich das Patriarchat immer wieder in unserem Alltag niederschlägt, erzählt von Alltagserfahrungen und verdeutlicht, dass uns bereits Jahrhunderte weiblicher, queerer, Schwarzer, jüdischer, muslimischer, behinderter, armer Perspektiven, Ideen und Geschichten fehlen, die aus dem öffentlichen Diskurs verbannt wurden.

Es ist ein großes Problem, dass vieles, was wir heute über den zivilen Widerstand wissen, von Männern aufgeschrieben wurde, und sie als Hauptpersonen des Widerstands in Erinnerung geblieben sind, während die Geschichten vieler anderer Menschen in Vergessenheit geraten sind.[125]

Und ich kann hundertprozentig nachvollziehen, warum die Bürgerrechtsaktivistin Septima Clark einmal sagte, dass die ungleiche Behandlung von Frauen – und ich würde ergänzen auch anderer diskriminierter Gruppen – »eine der großen Schwächen der Bürgerrechtsbewegung« war.[126] Die historische Lehre daraus kann doch nur sein: Wir müssen diesen Menschen die Sichtbarkeit geben, die sie zu Recht verdienen. Und wir müssen uns die Sichtbarkeit verschaffen, die uns zu Recht gehört.

Denn, wenig überraschend, auch in den ach-so-fortschritt-lichen heutigen Protestkreisen passiert, was auch in anderen Bereichen unserer Gesellschaft gang und gäbe ist: die Leistungen dieser Menschen werden unsichtbar gemacht. Ich kenne das auch aus dem Widerstand nur allzu gut.

Am meisten fällt es mir auf, wenn ich auf der Straße im Protest bin und Journalist*innen dazukommen, um uns zu interviewen. Dabei ist es mir unzählige Male passiert, dass ich mich nicht gleich getraut habe, mit ihnen zu sprechen, weil ich dachte, ich kann das spontan nicht, ohne mich vorzubereiten. Ich wollte nichts Dummes sagen und habe deswegen lieber gar nichts gesagt. Währenddessen haben einige männliche Mitstreiter ohne zu zögern, ganz selbstbewusst in die Kamera geredet. Oft haben sie dabei Sachverhalte ausgeführt und Dinge gesagt, die ich zuvor mit ihnen besprochen hatte.

Das hat mich wahnsinnig gemacht: Erstens habe ich mich in dem Moment über mich selbst geärgert, über meine ansozialisierte Bescheidenheit und Zurückhaltung, über dieses stille, brave, vorsichtige Verhalten, dass auch Frauen in meiner Generation oft noch unbewusst verinnerlicht haben. Zweitens habe ich mich über die forschen Mitstreiter aufgeregt, die in diesem Moment wenig Sensibilität für Redeanteile und mediale Sichtbarkeit bewiesen haben, sondern einfach selbst die Gelegenheit nutzten, sich ins Bild zu setzen, obwohl wir vorab über Themen wie Diskriminierung usw. gesprochen hatten. Und drittens fand ich das Verhalten der Journalist*innen nicht okay, die sich mit einem O-Ton eines Mannes zufriedengaben und sich nicht die Mühe machten, proaktiv auch noch auf unterschiedlichste Protestierende zuzugehen. Wenige Stunden später fanden sich dann im Fernsehen, in Zeitungen oder auf Online-Medien die gleichen stereotypen Bilder wie immer wieder: Männer sprechend in der ersten Reihe, alle anderen stumm in der zweiten. Es gibt Pressefotos, da sieht man von mir nur einen Teil vom Arm, oder ich werde als namenlose »Mitstreiterin« bezeichnet, während die männlichen Teilnehmer mit vollen Namen auftauchen. Obwohl ich genau den gleichen Mut bewiesen, vielleicht sogar im Hintergrund viel mehr programmatische und strategische Arbeit geleistet habe. Diese Dynamiken beschränken sich nicht nur auf Interviews, sondern zeigen sich in allen Bereichen meiner Arbeit.

Das Gefühl der Ohnmacht, das ich mittlerweile beim Thema Klimakrise ganz gut im Griff habe, holt mich beim Thema Gleichberechtigung im Widerstand wieder ein. Es fühlt sich so an, als würde ich mehrere Konflikte gleichzeitig austragen: die Klimakrise und alle Machtverhältnisse.

Diese Situation schlaucht mich enorm, und ich fühle mich oft alleine damit. Aber ich versuche, meine Enttäuschung darüber in produktive Wut zu verwandeln. Das treibt mich an. Denn es ist so wichtig, hier weiterzukämpfen, nicht nur für uns Frauen und die anderen bislang noch unterrepräsentierten Gruppen, sondern auch für den Erfolg des zivilen Widerstands.

Bewegungen müssen, um erfolgreich zu sein, Wege finden, die unterschiedlichsten Gruppen gut zu integrieren, sie zu ermutigen und Ungleichheiten abzubauen.

148

So habe ich ein Strategiecamp für neue, regionale Gruppen innerhalb der *Letzten Generation* organisiert. Bei der Auswahl der Anmeldungen habe ich darauf geachtet, dass die Machtverhältnisse ausgeglichen sind. Aus Erfahrung ging ich davon aus, dass sich vor allem Männer bewerben würden, und sich Frauen, LGBTQ+-Menschen und viele weitere beim Strategie-Thema eher unterschätzen. Deshalb habe ich mir Zeit genommen, möglichst viele unterschiedliche Menschen persönlich anzuschreiben, um sie zu ermutigen, an dem Camp teilzunehmen.

Bei vielen Frauen beobachte ich, dass sie sich in Strategierunden oder bei der Frage, wer intern oder nach außen eine größere, verantwortungsvollere Rolle übernehmen kann, zurückhalten, weil sie sich grundsätzlich weniger zutrauen.

Das ist alles aus Hunderten Studien bekannt, ich möchte nur zeigen, dass auch ziviler Widerstand, der mit besten inklusiven Absichten gegründet wurde, davon keineswegs frei ist.

Vor Ort im Camp habe ich dann versucht, die Redeanteile gleich zu verteilen. Wenn ich ein Treffen moderiere, achte ich generell darauf, wer wie viel spricht, und dass auch die zurückhaltenderen Teilnehmer*innen oder solche, die sich vielleicht nicht so gut ausdrücken können, zu Wort kommen, so dass ein möglichst breites und vielfältiges Meinungsbild entsteht.

Als es darum ging, wer wichtige Positionen in den neuen Strategieteams übernimmt, sagten einige Frauen, dass sie sich das nicht zutrauten. Sie wollten anderen den Vortritt lassen.

Daraufhin haben wir eine Runde nur mit Frauen angesetzt, um über genau diese Vorbehalte zu sprechen. Hier konnten Sorgen und Ängste unter Gleichgesinnten geäußert werden und die Teilnehmenden sich gegenseitig ermutigen und bestärken. Mit Erfolg: Alle Frauen haben sich danach entschlossen, Verantwortungsrollen zu übernehmen!

Für mich ist es auch immer etwas ganz Besonderes, wenn wir beim Widerstand ausschließlich Frauen sind. Wie bei einem Protest, bei dem ich mit vier Gleichgesinnten der *Letzten Generation* im Berliner Regierungsviertel unsere Ziele eines Essen-Retten-Gesetzes und einer Agrarwende 2030 in oranger Farbe an die weiße, schmale, aber riesig hohe Kanzleramtswand geschrieben habe. Es ging darum, die Botschaft in die Öffentlichkeit zu tragen und einen gezielten Appell an die Bundesregierung zu richten, bevor weitere Blockaden geplant waren.

Doch es ging auch darum, Frauen, die vorher noch keine Protest-Erfahrung hatten, mit erfahreneren Frauen zusammenzubringen und sich gegenseitig zu unterstützen und zu bestärken. Ich weiß noch, wie aufgeregt ich war, als wir um die Ecke zum Kanzleramt gelaufen sind und mir meine Freundin von der Seite zurief: »Jetzt gibt's kein Zurück mehr!«

Das Ganze war inspirierend, weil wir alles selbst planen konnten, wir waren gemeinsam vorher Farbe kaufen und haben die Strategie besprochen. Dann standen wir dort, haben Reden gehalten und Interviews gegeben, ohne dass uns ein Mann dazwischenfunkte.

Interessant war auch zu erleben, dass uns die Polizei vollkommen unterschätzte. Wir waren fest davon überzeugt, dass wir verhaftet werden würden, weil das bei allen ähnlichen vorherigen Protesten der Fall gewesen war. Doch die Polizei wollte uns wieder nach Hause schicken und keine große Sache daraus machen. Offenbar taten ihnen diese jungen, »schwachen«, »unschuldigen« Frauen eher ein bisschen leid. Wir wurden offensichtlich aufgrund unseres Geschlechts unterschätzt.

Auch als wir ihnen erklärten, dass wir noch vorhatten, unsere Botschaft an die SPD-Zentrale und dann an die Partei-Zentralen der Grünen und der FDP zu malen, nahmen sie uns nicht ernst und lachten.

Doch den Protest still und leise beenden? Nicht mit uns!

Wir sprachen uns gegenseitig Mut zu, schnappten uns die letzten Pinsel, die wir in unseren Taschen hatten, und liefen wieder auf die Kanzleramtswand zu. Auch wenn wir es am Ende nur schafften, dass O von Olaf an die Wand zu malen, nahm uns die Polizei dann ernst!

Trotz des erfolgreichen Protests mit diesen Frauen und meinen persönlichen Anstrengungen, festgefügte Strukturen aufzubrechen und den unterschiedlichsten Menschen in unseren Gruppen Raum zu geben, ist mir klar, dass innerhalb der Bewegung noch viel zu tun ist in Sachen Gleichberechtigung.

Was man auch an den Zitaten hier im Buch erkennen kann, die zum überwiegenden Teil von *weißen* Männern kommen, statt von Frauen, queeren Menschen, BIPoC und den vielen anderen. Das möchte ich ändern! Und meine Liste wird immer länger.

Denn wie es die liberianische Bürgerrechtlerin, Politikerin und Friedensnobelpreisträgerin Leymah Gbowee sagte, müssen wir das selbst in die Hand nehmen:

> *We have to be our own Gandhis, we have to be our own King, we have to be our own Mandela (...)*[127]

> Wir müssen unsere eigenen Gandhis sein, wir müssen unser eigener King sein, wir müssen unser eigener Mandela sein (...)

6

Das bringt doch nichts?
Oder:
Warum Gespräche mit Poltiker*-
innen schwierig, aber wichtig sind

Hat man Erfolg im zivilen Widerstand, sitzt man irgendwann mit Politiker*innen an einem Tisch und spricht
über die Ziele, die hinter den Protesten stehen. Doch
in diesem Moment offenbart sich auch der Ur-Konflikt
widerständiger Gruppen: Sollte man überhaupt mit
Politiker *innen sprechen – oder lieber mit dem Protest
weitermachen? Darüber herrscht selten Einigkeit. Warum es aus meiner Sicht wichtig ist, trotz all der Vorbehalte miteinander ins Gespräch zu kommen, darüber
spreche ich in diesem Kapitel. In den vergangenen
zwei Jahren habe ich im Rahmen der *Letzten Generation* Gespräche mit einer Vielzahl deutscher Politiker*-
innen verschiedenster Parteien – darunter Olaf Scholz,
Robert Habeck, Volker Wissing, Kathrin Göring-Eck-
hart, Renate Künast, Belit Onay und vielen weiteren
geführt. Dabei habe ich verschiedene Ansätze ausprobiert und möchte erläutern, was für mich am besten
funktioniert hat.

Lea, da ist ein bekannter Politiker gekommen!«
Eine Freundin eilt auf mich zu.

Es ist ein kühler Septemberabend 2021 in Berlin. Der Hungerstreik der *Letzten Generation* dauert seit drei Wochen an. Ich bin dabei, meine Sachen zusammenzupacken. Ich fühle mich ausgelaugt und müde, es war ein langer Tag. Wir haben eine Pressekonferenz hinter uns, auf der wir unsere Forderung nach einem öffentlichen Gespräch mit den Kanzlerkandidat*innen wiederholt und außerdem angekündigt haben, ab dem nächsten Samstag in einen trockenen Hungerstreik zu treten, also ab diesem Tag auch nichts mehr zu trinken. Ich habe eine Rede gehalten, Menschen waren vor Ort, Journalist*innen und einige interessiert Zuhörende. Wir hatten die Kanzlerkandidat*innen eingeladen zu kommen, da sie für die nächsten vier Jahre an den entscheidenden Hebeln der deutschen Klimaschutzpolitik sitzen würden. Doch keiner von ihnen ist gekommen …

»Schau mal, da links von der Bühne. Der da! Das ist doch der Habeck, ja genau: Das ist Robert Habeck. Er will mit euch reden. Geh da lieber schnell hin!« Meine Freundin klingt aufgeregt.

Es ist schon dunkel geworden, nur das Scheinwerferlicht erhellt den Platz rund um die Freilichtbühne. In der Ferne sieht man die erleuchteten Fenster riesiger Bürogebäude, wir sind mitten im Regierungsviertel. Mir ist kalt, ich trage zwei

Pullis übereinander und darüber meinen schwarzen Mantel. Das alles hier zerrt an meinen Nerven, ich will einfach nur noch allein sein. Etwas unwillig wende ich mich in Richtung Bühne.

Er ist es wirklich. Robert Habeck, damals Co-Bundesvorsitzender der Grünen, steht am linken Bühnenrand, relativ unscheinbar. Schnell werden die Stühle wieder hingestellt, ein Mikrophon organisiert und ihm in die Hand gedrückt. So richtig glücklich sieht er damit nicht aus, als er Platz nimmt. Aber immerhin: Er ist ins Hungerstreik-Camp gekommen, um uns zu besuchen und mit den Hungerstreikenden zu reden. Auf einmal schnellt mein Puls wieder in die Höhe. Ich lasse meine Sachen stehen. Während ich von der hinteren Stuhlreihe nach vorne Richtung Bühne laufe, habe ich ein mulmiges Gefühl im Bauch. Doch ich weiß nicht so ganz genau warum.

Zeitsprung. Etwa eineinhalb Jahre später gehe ich durch die riesigen Flügeltüren des Verkehrsministeriums in Berlin. Hinter mir stehen mehrere Dutzend Journalist*innen mit riesigen Kameras und Mikrophonen, die uns filmen und mit Fragen bedrängen. Nachdem der Bundesminister für Digitales und Verkehr Volker Wissing öffentlich behauptete, die *Letzte Generation* habe nie den Dialog mit ihm gesucht, und wir nachweisen konnten, dass wir ihn sowohl 2021, 2022 und 2023 in E-Mails um ein Gespräch baten, hat er uns zu einem Treffen eingeladen, um über das geforderte Tempolimit, das 9-Euro-Ticket und den Gesellschaftsrat zu sprechen.

Die Flügeltüren schließen sich hinter uns, und wir werden von den Sicherheitskräften wie am Flughafen durchgecheckt. Dann sitzen wir mit einem Mitglied der Bundesregierung, an die wir unseren Protest die ganze Zeit gerichtet haben, an einem Tisch. Ein Etappen-Ziel ist erreicht. Und doch kann ich mich nicht ganz entspannen. Da ist es wieder, dieses mulmige Gefühl.

Ich bin nicht unvorbereitet, daran kann es nicht liegen. Ganz im Gegenteil, ich bin ein Mensch, der sich auf wichtige Treffen immer frühzeitig und bis ins kleinste Detail vorbereitet, so dass ich für alle Eventualitäten gewappnet bin. Vor Gesprächen mit Politiker*innen lese ich alles, was ich über sie finden kann, und versuche mit Menschen zu sprechen, die die Politiker*innen kennen, um ihre Perspektive zu verstehen (siehe auch Kapitel 4).

Und es ist auch nicht die Nervosität. Klar, bin ich vor solchen Gesprächen angespannt. Man kennt diese Menschen aus dem Fernsehen und aus Zeitungen und plötzlich sitzt man mit ihnen an einem Tisch. Dass sie in der Regel von einem Haufen Assistent*innen und Berater*innen begleitet werden und man sich in schicken Büros mit riesigen Tischen trifft, macht die Sache nicht einfacher.

Aber auch das ist es nicht, was dieses Unwohlsein in mir verursacht.

Es liegt an etwas anderem.

Dieses mulmige Gefühl wird durch etwas ausgelöst, das ich nur als ein tiefes Zerrissensein zwischen Widerstand und Dialog beschreiben kann. Es geht dabei um die Frage, wie man sich als friedliche Protestgruppe gegenüber Politiker*-innen verhält. Auf der einen Seite sind sie es, an die man den Protest adressiert, weil sie diejenigen sind, die die politische Macht innehaben. Sie sind es, die die Hebel in der Hand haben, um auch die Klimapolitik in die richtige Richtung zu lenken. Und doch möchte man sich ihnen nicht anbiedern, die eigenen Grundsätze verraten oder riskieren, dass sie den Widerstand für die eigene Agenda instrumentalisieren, um sich beispielsweise als progressiv und aufgeschlossen darzustellen. Viel zu häufig bleibt es bei solchen Gesprächen bei einem symbolischen Händeschütteln vor Kameras.

Unter den Protestierenden fehlt hier die Klarheit und die Einvernehmlichkeit, die sonst bei der grundsätzlichen Strategie des zivilen Widerstands herrscht. Wie verhält man sich am besten? Ich habe schon in verhärtete Gesichter geblickt, wenn es darum ging, ob man mit dem Protest pausieren sollte, um mit Politiker*innen zu sprechen. Die Befürchtung ist dabei groß – und auch berechtigt – in langwierige und aufreibende Gespräche verwickelt zu werden. Das könnte die Proteste lähmen oder behindern, und der Widerstand würde auf diese Weise an Stärke und Momentum verlieren. Darüber hinaus gibt es natürlich immer auch grundsätzliche Zweifel, ob die Gespräche überhaupt etwas bringen oder ob man sich dabei nur auf faule Kompromisse einlassen und Zugeständnisse machen würde, die in akuten Krisen wie beim Klima nicht gemacht werden dürfen. Und das alles, während die Menschen gleichzeitig anstrengenden, nervenaufreibenden friedlichen Widerstand auf der Straße leisten. Verrät man mit solchen Gesprächen nicht letztendlich das eigene Anliegen und die Protestierenden?

Ich kann die Vorbehalte und das Misstrauen gegenüber der Politik so gut nachvollziehen! Gerade am Anfang der *Letzten Generation* in meinen ersten Gesprächen mit Politiker*innen wie mit Olaf Scholz kann man gut sehen, wie ich mich in keinem Fall auf dieses aufgesetzte Politik-Gehabe und die ganzen Beschwichtigungsfloskeln einlassen wollte. Ich wollte ihn aus seiner Komfortzone locken. Ganz unverblümt habe ich deswegen zu Olaf Scholz gesagt:

> Herr Scholz, ich höre, was Sie sagen, wie Sie über Geld reden, über Technologie. Aber ich frage mich gerade, ob Sie gehört haben, was wir gesagt haben. Es ist eine Frage von Leben und Tod. Wenn ich das so höre, frage ich mich, ob Sie als nächster Bundeskanzler wissen, wie schlimm es gerade in dieser Klimakrise steht und auch ob Sie überhaupt dazu in der Lage sind, uns aus dieser Krise rauszuführen.[128]

Dem ganzen Schmerz, den ich bei der Klimakrise fühlte, wollte ich mit diesen Worten Ausdruck verleihen. Unzensiert. Um vielleicht beim Gegenüber etwas aufzubrechen und dann in ein Gespräch zu kommen, das über Oberflächlichkeiten hinausgeht und zu einer echten ehrlichen Auseinandersetzung führt.

Heute ist es mir fast ein bisschen unangenehm, dass Video auf YouTube[129] zu schauen, da ich mir gewünscht hätte, einen anderen Umgangston mit Olaf Scholz zu finden. (Ich habe ihm auch mittlerweile eine Entschuldigung für meinen rüden Ton ausrichten lassen.) Zufrieden war ich mit dem Gespräch nicht wirklich, und in jeder Hinsicht bekräftigt sein

Verlauf genau das Misstrauen, das Protestierende gegenüber Politiker*innen empfinden.

Natürlich gibt es diese Vorbehalte nicht nur auf der einen Seite. Politiker*innen stehen Gesprächen mit Protestierenden ebenfalls kritisch gegenüber und gehen nur mit äußerster Vorsicht darauf ein. Auch bei ihnen stellt sich die Grundsatzfrage: Soll man überhaupt miteinander reden?

Insbesondere das Gespenst von der vermeintlichen »Erpressung« der Politik durch die Protestierenden geistert dabei immer wieder durch den Raum und hält Politiker*innen davon ab, mit Protestierenden zu sprechen und sich mit ihren Forderungen auseinanderzusetzen.

Als sich die *Letzte Generation* an die Oberbürgermeister*innen wandte und sie bat, einen Brief an die Bundesregierung zu schicken und den Gesellschaftsrat zu unterstützen, waren von überall die Warnungen an die Stadtoberhäupter zu hören. Nina Scheer, klimapolitische Sprecherin der SPD, etwa sagte: »Es ist verständlich, wenn Städte und Kommunen ihrerseits nach Lösungen suchen, um Konflikte zu schlichten. Zugleich darf sich der Staat dabei nicht erpressbar machen.«[130]

Hier treten meiner Ansicht nach auch wieder die schon im zweiten Kapitel erwähnten Gegenstrategien auf, mit denen die Politiker*innen versuchen, die Protestierenden kleinzuhalten oder zu kriminalisieren. Wie etwa Peter Tschentscher, Hamburgs Erster Bürgermeister, der sogar den Staatsschutz einschaltete. Der Vorwurf: Versuchte Nötigung von Verfassungsorganen. [131]

Aber vor allem nehme ich in Treffen mit vielen Politiker*-innen immer wieder die Angst wahr, politisch an Legitimität zu verlieren, sobald man mit der *Letzten Generation* spricht – und, wenn man sich einmal darauf einließe, »dann könnte ja jeder kommen, wo würde das denn hinführen!«. Selbst wohlgesinnte Politiker*innen trauen sich aus diesem Grund nicht, mit uns zu reden.

Dabei zeigt das ZDF-Politikbarometer im März 2023[132], dass etwas mehr als die Hälfte der Befragten Vereinbarungen und Gespräche zwischen Politiker*innen und der *Letzten Generation* begrüßt. Gerade junge Menschen unter 35 Jahren sprechen sich in großer Mehrheit dafür aus (66 Prozent). (Das müsste doch die Politiker*innen überzeugen, die ja sonst nicht müde werden zu betonen, wie wichtig ihnen die jüngere Generation ist.)

Dass diese Vorbehalte gegenüber Gesprächen auf beiden Seiten existieren, liegt wohl im Kern der Sache. Zwar geht es beiden Gesprächsparteien in der Regel um das Gleiche: die Lösung eines Konfliktes oder einer gesellschaftlichen Spannung. Und doch unterscheiden sie sich grundlegend in ihrer Perspektive und ihrer Herangehensweise.

Mit anderen Worten könnte man sagen: Während sich der zivile Widerstand konsequent und unbeirrt gegen Ungerechtigkeiten einsetzt, und es darum geht aufzuzeigen, dass etwas falsch läuft und man damit nicht einverstanden ist, liegt der Fokus der Politik mit ihrer Gesprächs-Diplomatie eher darauf, zu Vereinbarungen zu kommen.

Dass ziviler Widerstand und Diplomatie häufig als entgegengesetzt und sich widersprechend wahrgenommen werden, ist unter diesem Blickwinkel noch einleuchtender und erklärt auch das Misstrauen auf beiden Seiten. Und doch gilt es, diese beiden Pole zu vereinen!

Denn egal, wie oft ich darüber nachdenke und innerlich zerrissen bin, komme ich immer wieder zu dem Schluss, dass es in einigen Fällen sehr gut ist, wenn Protestierende und Politiker*innen miteinander sprechen. Denn: ›Ja‹ ohne ›Nein‹ ist Besänftigung und ›Nein‹ ohne ›Ja‹ ist Krieg.[133]

Ja, ziviler Widerstand ist wichtig, und *Nein*, Gespräche mit Politiker*innen können ihn nicht ersetzen. Das, denke ich, ist klargeworden: Es geht darum, Ungerechtigkeiten anzuprangern und Spannungen zu erzeugen. Der zweite Punkt *Nein* zu Gesprächen und *Ja* zum zivilen Widerstand ist in meinen Augen ein wichtiger Aspekt, denn ich halte es für gefährlich, in Aktionismus zu verfallen. Ich bin überzeugt, dass man dadurch Gefahr läuft, wichtige Chancen zur gemeinsamen Lösungsfindung zu verpassen. In ihrem Bericht *Negotiating Civil Resistance* machen auch Anthony Wanis-St. John und Noah Rosen deutlich: »Letztlich kann das Nichtverhandeln dazu führen, dass die angestrebten Erfolge nicht erreicht werden.«[134]

Gespräche können ein wichtiges Momentum und dadurch zentraler Bestandteil des zivilen Widerstands sein. Hier entscheidet sich, ob die Ziele der Protestierenden Gehör finden und es zu Veränderungen kommt oder ob weiter Druck ausgeübt werden muss.

Erinnern wir uns an die oben schon aufgezeigten Beispiele, dann sehen wir, dass es verschiedene Wege gibt, wie der zivile Widerstand Erfolg haben kann. Sharp unterteilt sie in Folgende:

- Die Regierung ändert ihre Meinung von selbst und ist freiwillig bereit, Zugeständnisse zu machen, weil sie von den Argumenten überzeugt wird. Schönes Szenario, aber eher unwahrscheinlich.
- Oder sie wird gezwungen, weil die Proteste stärker werden, so dass sie nicht mehr anders darauf reagieren kann, wenn zum Beispiel der Druck von den Säulen immer größer wird.
- Oder sie bricht zusammen, und die ganze Struktur kollabiert unter dem Druck des Widerstands, das wäre dann eine revolutionäre Situation.
- Und es gibt das Szenario, bei dem die Regierung erkennt, wie stark die Proteste sind und sich für Gespräche mit den Protestierenden entscheidet, weil es klüger ist zu verhandeln, als so weiterzumachen wie bisher. Dann sind Gespräche mit der Politik ein Ort, an dem Lösungen gefunden werden können – ohne, dass man die eigenen Prinzipien und Grundsätze verrät.

In vielen Fällen werden diese noch von einer dritten Partei mediiert, wie zum Beispiel von der Kirche, die als möglichst unabhängiger Vermittler agiert und versucht, die Anliegen beider Seiten zusammenzubringen. So wie zum Beispiel in Ecuador, als im Oktober 2019 der Präsident Lenín Moreno mit indigenen Protestierenden verhandelte. Die Vereinten Nationen und die katholische Kirche waren als Mediatoren eingesetzt. Mit einem guten Ergebnis: Moreno stimmte in den Gesprächen zu, sein drastisches Sparprogramm, das zu großen Protesten geführt hatte, wieder in Teilen zurückzunehmen.

Wenn es durch den Widerstand zu einer Verschiebung der Machtverhältnisse gekommen ist, die dazu führt, dass die Protestierenden, die zuvor die schwächere Partei waren, zu einem notwendigen Dialogpartner für die Politik werden, spricht man von einem *reifen Konflikt*.

Wie bei einem schönen roten Apfel, der gepflückt werden kann, können jetzt fruchtbare Gespräche beginnen. Das Konzept des »reifen Konfliktes« wurde von dem US-amerikanischen Konfliktforscher Ira William Zartman[135] geprägt.

Allerdings kann es dauern, bis es zu diesem Punkt kommt. Meiner Einschätzung nach ist das auch einer der Gründe, warum die Bundesregierung bisher so wenig auf die *Letzte Generation* zugeht – noch ist der Konflikt nicht reif genug, und es erscheint einfacher, die Protestierenden in Gewahrsam zu nehmen und zu kriminalisieren, und damit kleinzuhalten.

In dieser Phase müssen Protestierende standhaft bleiben, Chancen für das politische Jiu-Jitsu nutzen, weiter Menschen mobilisieren und immer wieder protestieren. Die Dringlichkeit, die daraus entsteht, treibt schließlich Aushandlungsprozesse an. Alle Strateg*innen des zivilen Widerstands müssen die Entwicklung deswegen ganz genau im Blick behalten. Es braucht Fingerspitzengefühl dafür, Geduld, Ruhe und einen distanzierten Blick.

Aber wie verhält man sich, wenn der Konflikt »reif« ist? Wie führt man dann die Gespräche? Politiker*innen haben teilweise jahrzehntelange Rede- und Verhandlungserfahrung, bekommen regelmäßig Medien- und Interviewtrainings und sitzen beinahe täglich in teils öffentlichen Gesprächsrunden und Sitzungen. Und all das, was sie sich über Jahre an Verhandlungsgeschick angeeignet haben, das soll man jetzt auch noch hinkriegen?

Natürlich wäre es großartig, wenn man schon von vornherein absolut gelassen und schlagfertig wäre – wie etwa die großartige Hannah Arendt, von der es legendäre Fernsehinterviews gibt. Am liebsten schaue ich mir die Sendung »Zur Person« bei Günter Gaus aus dem Jahr 1964 an – und bin immer wieder tief beeindruckt. Vollkommen gelassen sitzt sie als erster weiblicher Gast in diesem Sessel. Lässig rauchend, korrigiert sie ihren Interviewpartner, wenn sie seine Frage nicht passend findet, und lässt sich insgesamt von ihm weder beeindrucken noch aus dem Konzept bringen. Jahrelange Erfahrung oder Naturtalent lassen sich aber nicht einfach so herzaubern.

Ich halte mich deshalb in Sachen Gesprächsführung an die *Harvard Principles*, die eine gute Grundlage für eine gute Gesprächsstrategie bilden.

Das Konzept wurde in den 1980er Jahren von Roger Fisher und William Ury entwickelt und in ihrem gleichnamigen Buch dargelegt, das heute ein Standardwerk im Bereich Gesprächsführung ist.[136] Es umfasst die effektivsten Verhandlungsmethoden und zeigt, wie durch eine interessenorientierte Einigung in Gesprächen eine Win-win-Situation für beide Seiten erzielt werden kann.

Ich möchte hier kurz auf die für mich wichtigsten Punkte eingehen. Da ist einmal, dass man in Gespächen die Menschen und persönlichen Beziehungen vom Verhandlungsgegenstand trennen sollte. Das funktioniert beim zivilen Widerstand sowieso schon gut.

So muss ich immer wieder schmunzeln, wenn ich lese, wie die irische Friedensrechtlerin und geübte Verhandlerin Betty Williams dazu rät, Gespräche mit einer Umarmung zu beginnen. Ihre Rede beim Studentischen Friedenspreis in Norwegen 2009 beginnt sie mit der Bitte an das Publikum, aufzustehen und sich zu umarmen. »Arme sind zum Umarmen da, nicht zum Töten«, sagt sie anschließend unter Applaus[137]. Ein amüsanter Gedanke, wenn ich mir vorstelle, dass ich Olaf Scholz oder Robert Habeck erst einmal herzlich um den Hals falle, bevor wir ins Gespräch starten. Der dahinterliegende Gedanke, der mich an diesem Beispiel fasziniert, ist natürlich, dass man zunächst dem anderen zeigt, dass man ihn als Mensch wertschätzt bei allen Differenzen. Es ist gleichzeitig auch ein Versprechen, sich im folgenden Gespräch nicht auf das Trennende zu konzentrieren, sondern das Gemeinsame zu sehen.

Auch besagen die Harvard-Prinzipien, dass sich Gesprächspartner*innen nicht auf die Positionen versteifen, sondern auf die dahinterliegenden Bedürfnisse und Interessen konzentrieren sollten. Diese Erkenntnis war ein Schlüsselmoment für mich. Und seit diesem Moment versuche ich mir immer vor Gesprächen ins Gedächtnis zu rufen, dass es nichts hilft, wenn ich mich nur auf meine Kritik versteife. Denn hat mich meine äußerst offensive Haltung beispielsweise im Gespräch mit Olaf Scholz weitergebracht? Habe ich damit mein Ziel erreicht? Sie hat mir dabei geholfen, ehrlich und entschlossen zu sein, das schon. Aber so richtig durchgedrungen bin ich zu dem Politiker nicht. Es hat die Fronten eher verhärtet.

Das bedeutet ja nicht, dass man weniger kritisch sein oder alles gut finden soll, was die andere Seite so von sich gibt, und dabei vielleicht sogar den Protest zu verraten. Sondern es geht darum, das beste Ergebnis zu erzielen, und das erreicht man nur, wenn man gegenseitig auf die Interessen und Bedürfnisse eingeht.

Zuzuhören und nachzuvollziehen, warum die andere Seite bestimmte Entscheidungen trifft und entsprechend handelt – das ist meiner Meinung nach der Schlüssel zu erfolgreichen Gesprächen.

Deshalb versuche ich im Dialog mit Politiker*innen genau herauszuhören, was ihre Sorgen sind, und das dahinterliegende Bedürfnis zu erkennen. Selbst wenn das Argument noch so ärgerlich ist. Wie zum Beispiel bei den Gesprächen über den Gesellschaftsrat. Immer wieder kommen in diesem Zusammenhang von den Politiker*innen die gleichen und sehr eingängigen Vorbehalte, wie: »Nachher sitzen da nur AFDler, das würde uns beim Klimaschutz sogar zurückwerfen.« Obwohl wir doch zuvor das ausgeklügelte Losverfahren vorgestellt hatten, das ein solches Szenario von vornherein ausschließt.

Aber anstelle genervt mit den Augen zu rollen, versuche ich zu verstehen, woher diese Ablehnung kommt, was macht ihnen Angst? Denn hört man genauer hin, versteht man, dass es um die sehr wohl berechtigte Frage geht, wie man einen guten Aufbau und ein gutes Ergebnis des Gesellschaftsrats sicherstellen kann. Ich bin dann meist auf diese Sorge eingegangen und habe davon erzählt, was für ein erprobtes Mittel der Gesellschaftsrat ist und dass es unzählige Beispiele dazu gibt, wie etwa in Freiburg, aber auch in anderen Ländern, die gute Resultate hervorgebracht haben.

Um mit bestmöglichem Ergebnis aus einem Gespräch zu gehen, sollte man vorab gut überlegen, was genau man eigentlich erreichen will, und am besten einen Gesprächsspielraum definieren. Das kannte ich schon aus meinen Diplomatie-Seminaren während des Studiums, und es ist spannend zu sehen, dass ich es jetzt so aktiv anwenden kann.

Es geht darum, sich klarzumachen, was man erreichen möchte, was das Gegenüber für Wünsche hat, um dann zu schauen, wo sich die Bedürfnisse und Interessen überschneiden.

Dabei stelle ich mir folgende Fragen:
- Was definieren wir als Erfolg? Was ist unser Ziel?
- Welche Zugeständnisse können wir machen? Welche nicht?
- Was will die andere Seite? Wieso vertreten sie diese Position?
- Wie könnte eine gemeinsame Lösung aussehen?

Realitätscheck: Trotz all dieser hilfreichen Tools, mit denen man sich gut vorbereiten kann, können solche Gespräche dennoch ziemlich kräftezehrend sein. Und auch ziemlich enttäuschend. Mit einer SPD-Politikerin debattierte ich beispielsweise über die Einführung eines nationalen Essen-Retten-Gesetzes. Ich argumentierte, dass wir die 1,5-Grad-Grenze definitiv überschreiten werden und dass wir Gefahr laufen, immer mehr Kipppunkte zu reißen. Dass es aufgrund der Klimakrise steigende Missernten geben und die Lebensmittelpreise drastisch hochschnellen werden. Und dass all das nicht mit sozialer Gerechtigkeit (SPD!) vereinbar sei. Ich machte deutlich, wie verrückt es ist, in so einer Krise Nahrungsmittel einfach wegzuschmeißen, und dass wir dringend ein solches Gesetz brauchen.

Was dann kam, war mehr als ernüchternd. Die Politikerin gab mir Tipps, wie man im Privaten weniger Lebensmittel verschwenden kann, erzählte, dass sie Obst zu Marmelade einkochen würde.

Anstatt durch ein Gesetz die Dinge systemisch in die richtige Richtung zu lenken, sollen wir jetzt einfach alle Marmelade kochen, ein Apfelbäumchen pflanzen und ein Kräuterbeet auf dem Balkon anlegen, dann wird schon alles wieder gut? Ich war sprachlos. Das ist natürlich jetzt zugespitzt, aber dieses Individualisieren und Kleinreden der Klimakrise und dieses Abschotten gegenüber dem Ausmaß ihrer Folgen, das begegnet mir häufig (nicht nur) bei Politiker*innen. Ich bekomme in solchen Momenten den Eindruck, dass das gigantische Menschheitsproblem der Klimakrise von den Menschen, die an der Macht sind und Entscheidungen fällen, gar nicht in seiner ganzen sozialen und ökologischen Tragweite erkannt wird. Oder sie erkennen die Bedeutung, aber sind zuversichtlich, dass die bisherigen Maßnahmen ausreichen oder dass schon irgendeine Super-Technologie vom Himmel fällt und uns alle rettet. Oder sie haben tausend andere Ausflüchte und Prioritäten. Oder, oder...

An diesem Tag jedenfalls war der Verlauf dieses Hintergrundgespräch sehr unergiebig: Ich war so getrieben von der Angst vor der Klimakrise, und diese Frau plauderte über Brotaufstriche. In meinem Kopf ratterte nur ein Gedanke: Nimmt sie die Krise so komplett anders wahr als ich? Ich könnte heulen! Und sie ist doch diejenige, die am Hebel sitzt!

Wie soll die breite Gesellschaft verstehen, wie ernst die Lage ist und wie dringend es ist, endlich zu handeln, wenn nicht einmal die Menschen, die politische Entscheidungen treffen, sich der Brisanz des Problems bewusst sind und dafür die richtigen Worte finden?

Was es meiner Ansicht nach viel mehr bräuchte, auch und gerade in Deutschland, ist eine klare Haltung wie die von UN-Generalsekretär António Guterres, der immer wieder mit drastischen Worten das Ausmaß der Klimakrise betont.

We are in the fight of our lives – and we are loosing. [...] We are on a highway to climate hell with our foot still on the accelerator.[138]

Wir kämpfen den Kampf unseres Lebens – und sind dabei ihn zu verlieren. [...] Wir sind auf einem Highway in die Klimahölle und haben den Fuß noch immer auf dem Gaspedal.

Aminata Touré, die Ministerin aus Schleswig-Holstein, führt die eindimensionale Darstellung neben der Unwissenheit noch auf einen anderen Grund zurück: »dass es die Idee konservativer Politik ist, den Status quo zu erhalten und Veränderung nur in möglichst kleinen Dosen zuzulassen. Das bedeutet eben, dass man die Kritik an gesellschaftlichen Missständen, die zum Beispiel Minderheiten äußern, als ›emotional‹ oder überzogen abtun muss [...]. Die Strategie scheint zu sein, dass man gesellschaftliche Konflikte so lange köcheln lässt, bis es absolut unausweichlich ist, sich mit ihnen auseinanderzusetzen.«[139]

Obwohl im Zusammenhang mit Flucht und Fluchtursachen gesagt, drängt sich die Parallele zum Umgang mit der Klimakrise mehr als deutlich auf. Auch hier wird sich eher halbherzig eingesetzt und eine Doppelmoral aufrechterhalten. Oder die kurzfristige politische Agenda (keine Steuererhöhungen für Reiche!) erscheint wichtiger als mittel- und langfristige Ziele. Hier offenbaren sich wieder die Demokratiedefizite, die ich schon in Kapitel 2 aufgezeigt habe. Als ich das Meeting mit dem Marmeladen-Satz verließ und eigentlich sofort zum nächsten Treffen hätte eilen müssen, liefen mir die Tränen übers Gesicht. Ich war erschüttert und fühlte mich ohnmächtig.

Was mir in diesem Moment half, war der Zuspruch meiner Mitstreiter*innen, von denen ich wusste, dass sie genauso fühlten wie ich. Und so trockneten wir unsere Tränen, schluckten den Frust hinunter und machten mit unserem Tagesprogramm weiter – wild entschlossen, uns nicht unterkriegen zu lassen und den Druck auf die Politik weiter zu erhöhen.

Apropos Druck: Es ist absolut wichtig, innerhalb der Gruppe ein Bewusstsein dafür zu schaffen, wie viel Verantwortung auf einem lastet, wenn man in ein Gespräch mit Politiker*innen geht und gleichzeitig weiß, was die Protestierenden auf der Straße alles leisten. Das ist eine riesige Aufgabe, und der Druck lässt nicht nach, wenn man dann die Ergebnisse wieder in die Gruppe kommunizieren muss. Ich bin immer nervös, den anderen zu berichten, was bei den Gesprächen herauskam, denn es besteht das Risiko, dass einige damit unzufrieden sind. Auch wenn man den Rahmen vorher mit der Gruppe abgesteckt hat, ist man doch im Gespräch auf sich zurückgeworfen und muss spontan Entscheidungen fällen.

Hier kann es zu Zerreißproben innerhalb der Gruppe kommen.

Am besten ist es natürlich, wenn man spürt, dass die anderen einem vertrauen und wissen, dass man alles versucht hat, das Beste aus den Gesprächen rauszuholen. Auch wenn es nicht gelungen ist.

Denn wie wir bei Bill Moyers *Movement Action Plan* schon gesehen habe, ist der zivile Widerstand langwierig und öffentliche Akzeptanz und politische Fortschritte kommen in Wellen. Es gibt Aufs und Abs und viele Zwischenstationen, bis es schließlich zum Erfolg kommt. Gespräche mit Politiker*innen können ein Baustein, eine Methode von vielen sein. Sie können entscheidend zum Erfolg beitragen. Aber sie können auch kläglich scheitern – dann geht es darum, wieder stärker mit dem zivilen Widerstand weiterzumachen.

Manchmal ist es besser, den Gesprächsversuch zu beenden, und die beste Alternative, mit dem Protest weiterzumachen. Vielleicht war die Zeit noch nicht reif, und man wird zu einem späteren, besseren Zeitpunkt wieder zusammenkommen.

Das Gespräch mit Robert Habeck empfand ich übrigens als sehr offen und ehrlich. Ich habe gespürt, dass es ihm wirklich wichtig ist, mit uns zu reden.

Und es hat mich auch sehr gefreut, als der Oberbürgermeister von Hannover Belit Onay nach unserem Gespräch sagte: »Es war ein konstruktives und ergebnisorientiertes Gespräch, mit dem gemeinsamen Ziel für mehr Klimaschutz.«[140]

Das ist immerhin ein Anfang.

7

Sprint oder Marathon?
Oder:
Warum wir auf uns selbst
und andere achten sollten

Hat die Theorie vom zivilen Widerstand bis hierhin funktioniert, gibt es noch eine Sache, die alles Erreichte aufs Spiel setzen kann. Es ist ein immer noch stark tabuisiertes Thema – in der Gesellschaft aber auch im Protest. Es geht um Angst und Ohnmacht, Ausbrennen und psychischen Druck.

Ich spreche in diesem Kapitel darüber, warum Selbstfürsorge und Gruppenzusammenhalt ganz wichtige Variablen im zivilen Widerstand sind und warum es für den Erfolg des Protests entscheidend ist, dass man auf sich selbst aufpasst und ein gutes Protestumfeld schafft. Was sagen Widerständler*innen und Forscher*innen zu diesem Thema, und welche Erfahrungen habe ich selbst gemacht? Und es werden, Achtung Triggerwarnung, auch einige heftige Kommentare aus den sozialen Netzwerken zitiert.

Ich habe selten so eine schallende und ansteckende Lache gehört, wie die von Desmond Tutu. Obwohl der Erzbischof und Friedensnobelpreisträger als einer der Wortführer der Anti-Apartheid-Bewegung in Südafrika in seinem Leben viel Leid erlebte, sprühte er doch vor Humor und Lebenslust. Es gibt unzählige Videos von ihm, in denen er bei seinen Reden Witze reißt und selbst lauthals darüber lacht.[141] Seine Fröhlichkeit ist so mitreißend, dass ich jedes Mal selbst anfangen muss zu lachen. Es kitzelt richtig gute Energie aus einem heraus.

Mir ist schon öfter aufgefallen, dass viele Widerständler*-innen einen ausgeprägten Humor besitzen.[142] Ich bin davon überzeugt, dass das kein Zufall ist. Im zweiten Kapitel haben wir das Thema schon kurz mit dem Lachtivismus angerissen, als es darum ging, dass Humor genutzt werden kann, um politische Inhalte zu vermitteln. Er kann aber auch ein Mittel sein, einen möglichst guten Umgang mit der Belastung zu finden. Wie Betty Williams einmal bei einer Veranstaltung des *Omega Institute for Holistic Studies* sagte:

> *You have to have a sense of humour. [...] we see suffering beyond belief and you take it to bed with you. [...] And if I didn't have a sense of humour, I don't think I'd survive this you know.*[143]

Man muss einen Sinn für Humor haben. Wir sehen unvorstellbares Leid, und das nimmt man abends mit ins Bett. [...] Und wenn ich keinen Sinn für Humor hätte, würde ich das wohl nicht überleben.

Humor ist eine wertvolle Ressource und eine Bewälti-gungsstrategie für den Druck und die Emotionen, denen man im zivilen Widerstand häufig ausgesetzt ist.

Denn wie wir gesehen haben, kann der Protestweg ein sehr langer Weg sein, und ein Weg, auf den man sich vielleicht immer wieder begeben muss. Bei ihrem Vortrag beim *Fletcher Summer Institute for the Advanced Study of Nonviolent Conflict* über die Rolle von Frauen im zivilen Widerstand sagte Mary Elizabeth King, Professorin für Friedens- und Konfliktforschung, zu Beginn:

> *I want to remind everyone that we are not talking about conflict resolution. Conflict resolution may be one outcome of a civil resistance movement but not necessarily. Civil resistance is predicated on the assumption that there will always be conflict and the question is, how we manage it until it breaks out again.*[144]

Ich möchte alle daran erinnern, dass es hier nicht um Konfliktlösung geht. Die Lösung von Konflikten kann ein Ergebnis einer zivilen Widerstandsbewegung sein. Aber nicht zwangsläufig. Der zivile Widerstand basiert auf der Annahme, dass es immer einen Konflikt geben wird, und die Frage ist, wie man ihn in den Griff bekommt, bis er wieder ausbricht.

Das, was Mary Elizabeth King sagte, muss man sich als Widerständler*in bewusst machen: Konflikte können immer weitergehen. Wir lösen vielleicht ein Problem von heute, aber es werden nie alle Probleme gelöst sein. Es ist eine Lebensaufgabe. Auch Bill Moyers *Movement Action Plan* sieht vor, dass am Ende, wo sich die Erfolge einer Bewegung ausweiten, neue ungelöste Probleme entstehen:

> *There is no end. There is only the continuing struggle, acted out in cycles of social movements. The process of winning one set of demands creates new levels of citizen consciousness and empowerment, and generates new movements on new demands and issues.*[145]

Es gibt kein Ende. Es gibt nur den fortlaufenden Kampf, der sich in Zyklen sozialer Bewegungen vollzieht. Sind eine Reihe von Forderungen erfüllt, schafft das neue Ebenen des Bürgerbewusstseins und der Ermächtigung und bringt neue Bewegungen zu neuen Forderungen und Themen hervor.

Selbst wenn Protestierende eines ihrer Ziele erreicht haben, gibt es immer wieder neue wichtige Themen, für die es sich einzusetzen gilt. Moyer spricht im *Movement Action Plan* ja davon, dass Protestierende irgendwann desillusioniert sind und nicht mehr glauben, dass das, was sie machen, funktioniert. Obwohl das, wie gesagt, meist nur eine Phase im

Widerstand ist. Und – das ist das Wichtigste: Nur wenn es gelingt, diese Durststrecke durchzustehen, ruhig zu bleiben und daran zu glauben, dass man es schafft, ist man auch wirklich erfolgreich.

Der Erfolg im zivilen Widerstand ist abhängig davon, ob man dem Gefühl der Ohnmacht und der ausbleibenden Wirksamkeit, mit Resilienz begegnen kann.

Denn wenn man sich beim politischen Widerstand so sehr mit der Sache identifiziert, und sie ideell, aber auch zeitlich in den Mittelpunkt des eigenen Lebens rückt, dann können Rückschläge im Engagement schnell das eigene Selbstwertgefühl angreifen. Man bezieht Misserfolge auf sich persönlich, weil man das Gefühl hat, als Person gescheitert zu sein. Ich habe das schon selbst erlebt und sehe darin eine große Gefahr. Als Protestierende müssen wir lernen, damit umzugehen. Denn eins muss einem klar sein: Die Spannungen, die man versucht im Widerstand zu erzeugen, kommen nicht ohne einen Preis.

Seit ich zivilen Widerstand leiste, habe ich viele Konflikte angestoßen – das ist ja auch der Sinn der Sache. Die teils gewaltvollen Reaktionen darauf vonseiten der Polizei aber auch von anderen Bürger*innen, denen man dabei ausgesetzt ist und von denen ich schon erzählt habe, sind emotional und psychisch unheimlich belastend. Und die Diskussionen darüber machen natürlich keinen Halt vor der privaten Tür. Freundschaften können daran zerbrechen und Familien werden belastet.

Auf der einen Seite ist es schwer auszuhalten, wenn man

sich im engsten Vertrautenkreis für sein Engagement recht-fertigen muss, erhofft man sich doch komplette und hinge-bungsvolle Unterstützung.

Auf der anderen Seite ist es verständlich, dass für die ver-trauten Menschen manche Situationen kaum ertragbar be-ziehungsweise auszuhalten sind, selbst wenn sie im Grunde hinter der Sache stehen.

Dazu kommen die zum größten Teil anonymen Angriffe aus den sozialen Netzwerken.

Solche Nachrichten und Kommentare, die ich wie viele an-dere der *Letzten Generation* bekomme, strotzen oft nur so vor Gewaltandrohungen und Hass. Ich versuche, diese Tex-te möglichst nicht zu lesen (was aber nicht immer gelingt). »Du dumme Sau«, »Du enthirnte blöde Fotze«, »Du bist ein nutzloses Stück Hirn-Vakuum« – Beschimpfungen und Be-leidigungen wie diese sind an der Tagesordnung. Besonders gruselig dabei sind Sprachnachrichten. Die Stimme fremder Menschen zu hören, während sie ihren Hass mir gegenüber verbalisieren, macht die Nachricht gleich noch intimer, per-sönlicher und eindringlicher. Klar, versuche ich diese Nach-richten zu ignorieren und am besten gleich zu löschen. Aber du hast ja bei Sprachnachrichten keine Ahnung, bevor du auf »Play« drückst, was dich erwartet. Der Hass, der dir dann entgegenschlägt, trifft dich häufig vollkommen unvorberei-tet wie die Faust ins Gesicht.

Ich erinnere mich noch genau, wie mich das anfangs um-haute. Noch vor der ersten Straßenblockade habe ich von einem wildfremden Mann eine Nachricht an mein privates Facebook-Profil bekommen: »Und sehe ich welche von euch Pfeifen auf der Autobahn rumlaufen, dann übersehe ich euch, das glaub mal. Und kommt auch nur ein Mensch von den normalen Menschen zu Schaden, dann sag ich dir: Zieh dich warm an.«

Dass digitaler Hass ein Problem ist, wusste ich natürlich, aber dass er so weit verbreitet ist und was er mit einem macht, das habe ich tatsächlich unterschätzt.

Das hat ganz konkrete Folgen für unsere demokratische Debattenkultur: Menschen werden eingeschüchtert, die Meinungsvielfalt nimmt ab und es kommt zu einer Verzerrung der Wahrnehmung gesellschaftlicher Realität. Eine durch *Campact* in Auftrag gegebene Studie des Instituts für Demokratie und Zivilgesellschaft (IDZ)[146] hat 2019 gezeigt, dass über die Hälfte der Befragten aus Angst vor Hasskommentaren seltener ihre politische Meinung bei Diskussionen im Internet einbringt.

Auch die Folgen dieser Kommentare auf den einzelnen Menschen werden in der Studie klar benannt: Betroffene sprechen von emotionalem Stress, Angst, Unruhe, Depressionen und negativen Folgen für das Selbstbild.

Mir hat es sehr geholfen, professionelle Hilfe in Anspruch zu nehmen, wie sie zum Beispiel Organisationen wie *Hate-Aid* anbieten. Auch Zeit mit Gleichgesinnten in Gesprächskreisen zu verbringen, um den Fokus weg von der scheinbaren Übermacht einer hasserfüllten Masse (die es ja auch nicht gibt) hin zu den Menschen zu lenken, die nicht laut, aber sehr wohlwollend und unterstützend sind und die gleichen Ziele verfolgen.

Weil es auch offline immer wieder Momente im Protest gibt, die sehr nervenaufreibend sind, braucht es eine gute mentale

Vorbereitung und Begleitung. Als die ersten Blockaden von der *Letzten Generation* stattfanden, kam die Polizei zu meiner Privatadresse, um mich zu belehren, dass ich nicht weiter Autobahnen blockieren solle. Eine einschüchternde Situation: Die uniformierten Polizist*innen kommen mit lauten Schritten die Treppe hinauf, hämmern an die Tür und klingeln Sturm. Meist ist man in solchen Momenten vollkommen überrascht und schutzlos. Und genau das wird ja bezweckt: Man soll einen Schreck kriegen und eingeschüchtert werden. Was dabei auch passiert, ist, dass diese Polizeibesuche einem den sicheren Ort nehmen, den man so dringend für Rückzug und Regeneration braucht. Auch zu Hause, hinter der eigenen Tür, kann man nicht mehr richtig abschalten, bleibt ständig angespannt. Den Effekt, den diese scheinbar harmlose Maßnahme in einem auslöst, habe ich am eigenen Leib beobachten können, als ich irgendwann merkte, dass ich jedes Mal hochschreckte, wenn es an meiner Tür klingelte.

Neben Social-Media-Hass und Einschüchterungsmethoden des Staates und der Polizei sind es vor allem das große Arbeitspensum, das Menschen im zivilen Widerstand belastet. Regelmäßig blicke ich in müde Augen mit tiefen Rändern darunter. Auf die Frage: »Wie geht es dir?«, folgt häufig ein tiefer Seufzer und manchmal kullert eine Träne über die Wange. »Es ist so viel, ich komme nicht hinterher« oder »Ich hatte schon seit Ewigkeiten keine Pause mehr«, das sind Antworten, die man viel zu häufig hört.

Denn für ihr Herzensprojekt arbeiten die Protestierenden richtig hart und gehen regelmäßig über ihre Grenzen. Sie investieren weit mehr als die klassische 40-Stunden-Woche, fangen morgens früh, an Nachrichten zu schreiben, kommen in Meetings zusammen, halten Vorträge, sprechen mit Vertreter*innen der Säulen, leisten Widerstand, sind in Polizeigewahrsam, organisieren Unterkünfte und Verpflegung für die Menschen, die am Widerstand teilnehmen wollen, schreiben Pressemitteilungen und Beiträge für die Sozialen Netzwerke, arbeiten neue Menschen ein. Es wird kaum bis gar keine Pause gemacht, das Handy nicht weggelegt, und es besteht keine Möglichkeit zum Abschalten. Einige arbeiten nebenbei noch in anderen Jobs, sind Eltern, die für ihre Kinder da sein wollen, oder pflegen ihre eigenen Eltern. Vielleicht kommen noch Trennungen, Todesfälle, Krankheiten oder andere persönliche Dinge dazu.

Viele Menschen werfen den Protestierenden vor, dass sie nicht richtig arbeiten und sich auf Kosten der Gesellschaft ausruhen, doch erlebt man nur einen einzigen Tag im zivilen Widerstand, kann man sehen, dass genau das Gegenteil der Fall ist.

Und soll ich etwas verraten? Ich war auch schon kurz davor auszubrennen. Jetzt gerade wieder, während ich an diesem Kapitel schreibe, bin ich müde, habe zu wenig und schlecht geschlafen, mein Kopf schmerzt, und wenn ich nur an die kommende Woche denke, bin ich schon gestresst – ich habe mir mal wieder viel zu viel vorgenommen. Zwar versuche ich, mich mit gesundem Essen und kurzen Pausen über Wasser zu halten – zugleich plagen mich Zweifel, ob ich überhaupt schreiben soll, wie ich an meine Grenzen komme. Klingt das nicht weinerlich und selbstmitleidig? Doch genau deswegen,

wegen all dieser inneren Kämpfe und äußeren Belastungen, denke ich, dass es wichtig ist, dieses Thema anzusprechen.

Denn, was wirklich verrückt ist: Trotz der ständigen Überforderung und Überarbeitung fühlt man sich, als leiste man immer noch viel zu wenig. Das scheint typisch zu sein: In dem Buch »Radikale Selbstfürsorge jetzt!« schreibt die Autorin Svenja Gräfen:

> Es ist nicht ungewöhnlich, als Aktivist*in (...) trotz
> großer Bemühungen, trotz jeder Menge Arbeit
> und sogar trotz Erschöpfung das Gefühl zu haben,
> noch immer zu wenig zu tun – weil sich auf gesell-
> schaftlicher und politischer Ebene ganz einfach so
> wenig verändert.[147]

So entsteht gerade unter Protestierenden die absurde Situation, dass eigentlich nur die totale Erschöpfung ein adäquater Lebenszustand zu sein scheint: Wer sich halbwegs ausgeruht fühlt, hat offenbar noch nicht genug gegeben! Das ist für alle natürlich komplettes Gift.

Und auch wenn keiner so offen darüber spricht: Manchmal tut man sich auch untereinander nicht gut. Ich selbst habe mich schon dabei ertappt, dass ich anfing nachzurechnen, wer in der Gruppe eigentlich wie viel macht. Oder ich habe mich unter Druck gesetzt gefühlt, wenn eine Person in der morgendlichen *Wie-geht's-mir?*-Runde erzählte, dass sie heute früh schon drei Stunden richtig produktiv gearbeitet hat.

»Ach, du machst schon wieder frei?«, auch solche Sätze mit einem gewissen Unterton fallen manchmal. Und besonders die Leute, die nicht vorne im Protest mitlaufen, sondern die unglaublich wichtige Hintergrundarbeit machen, Mails schreiben, strategische Arbeit leisten usw., werden oft nicht genug wertgeschätzt. Dabei braucht es gerade während der Proteste für die aufwendige Care-Arbeit den Einsatz dieser Menschen, die sich um Verpflegung und Schlafplätze kümmern, die sich darum sorgen, dass es allen möglichst gutgeht, und die anderen helfen, ihre negativen Erfahrungen und psychischen Belastungen aus dem zivilen Widerstand aufzufangen.

Und als wäre das nicht genug, ist da auch noch das mediale Rampenlicht, für das die meisten nicht professionell geschult sind.

Protestierende stehen im Zentrum der öffentlichen Aufmerksamkeit und müssen sich für alles, was sie tun, permanent rechtfertigen.

Im Februar 2023 sind zwei Protestierende der *Letzten Generation* für mehrere Wochen nach Bali geflogen. Das löste eine riesige Welle negativer Kommentare und einen gewaltigen Shitstorm aus. Im Fokus stand dabei immer der Vorwurf der Doppelmoral.

Was hier wieder einmal einsetzte, ist Individualkritik, die nicht zielführend ist, weil sie nicht das Problem an der Wurzel anpackt und – das ist das Wichtigste! – die Verantwortung und Aufmerksamkeit von den politischen Entscheidungen und Strukturen weglenkt. Stattdessen werden einzelne Menschen diskreditiert. Die Klimaredakteurin Susanne Schwarz bringt es in einem Beitrag in der taz auf den Punkt:

»Hämisch mit dem Finger auf diejenigen zu zeigen, die einen Klimanotstand verhindern wollen, aber dabei nicht perfekt sind, folgt einem Reflex zur Gewissensberuhigung: Die sind ja auch nicht besser!«[148]

All das lastet auf unseren Schultern, und ich will darüber auch nicht klagen, denn wir sind ja bewusst in den zivilen Widerstand gegangen. Aber es ist mir wichtig, es zu beschreiben, weil wir darüber ehrlich sprechen und überlegen müssen, wie wir damit besser umgehen können. Für den Erfolg des Protests hängt viel davon ab, denn:

Viele Protestierende haben irgendwann einfach keine Kraft mehr weiterzumachen und verlassen den zivilen Widerstand.

Deswegen ist aus meiner Sicht ein gesundes und unterstützendes Umfeld eine der wichtigsten Variablen, die zum Erfolg des zivilen Widerstands führen. Viele Leute, mit denen ich Protest geleistet habe, haben in kurzer Zeit zu viel gearbeitet und sind dann irgendwann ganz ausgestiegen. Wir haben zusammen protestiert, jeden Tag miteinander Zeit verbracht, konnten Erfahrungen sammeln – und dann waren diese Menschen plötzlich von einem Tag auf den anderen weg, weil alles einfach viel zu viel war.

Ich kann das gut verstehen und nehme es niemandem übel. Im Gegenteil: Ich bin ihnen allen bis heute unendlich dankbar für alles, was sie gegeben haben! Es macht mich nur traurig, weil ich diese Menschen als sehr liebevoll, intelligent, empathisch wahrgenommen habe und sie diese wertvollen Fähigkeiten jetzt nicht mehr einbringen.

Auch auf einem strategischen Level ist der Burn-out schlecht für den Protest, da viel Wissen und Erfahrung verlorengehen.

Eine (sozial-)psychische Unterstützung der Protestierenden ist in meinen Augen entscheidend. Damit meine ich nicht nur das »Nett-Beisammensein«. Es geht vielmehr darum, dass Selbstfürsorge und Gruppenzusammenhalt dazu beitragen, den Widerstandsgeist lange aufrecht zu erhalten. Wie schon gesagt, dass sind essenzielle Variablen für den Erfolg des zivilen Widerstands. Sie sind gleich bedeutsam wie das politische Jiu-Jitsu, die vielfältige Zusammensetzung der Gruppen und die Zusammenarbeit mit den Säulen!

Zwar ist das Bewusstsein dafür grundsätzlich da, es gibt auch Anlaufstellen und eine Reihe von Konzepten und Fortbildungsangeboten, damit sich hier etwas ändert. Doch am wichtigsten ist es, dass den Protestierenden selbst klar ist, wie wichtig es ist, sich um sich selbst zu kümmern.

Dessen waren sich viele Widerständler*innen sehr bewusst. So fing Rosa Parks in den 1960er Jahren im Alter von 52 mit Yoga an. Später gab sie sogar Kurse. Es gibt private Bilder von ihr, die sie bei den Übungen zeigen – ein sehr seltener und besonderer Einblick in das Privatleben der Bürgerrechtlerin. Yoga half ihr, den Kopf frei zu bekommen und zu innerer Klarheit und Frieden zu kommen.[149]

Auch die queere Bürgerrechtlerin Angela Davis praktizierte regelmäßig Yoga, um sich für ihren Widerstand zu stärken:

I have never used yoga as an end in itself but merely as a means to prepare myself for a more effective struggle. As a result of yoga, I am more energetic. I am able to go and appeal to people and to organize them to do the kinds of things that are vital to our freedom.

Ich habe Yoga nie als Selbstzweck benutzt, sondern lediglich als Mittel, um mich auf einen effektiveren Kampf vorzubereiten. Durch Yoga habe ich mehr Energie. Ich bin in der Lage, auf die Menschen zuzugehen und sie zu organisieren, um die Dinge zu tun, die für unsere Freiheit wichtig sind.[150]

Das heißt jetzt natürlich nicht, dass alle Yoga machen sollten, aber vielleicht, dass man mal schauen sollte: Was tut einem gut? Wo kann ich Kraft schöpfen oder was ermutigt mich?

Ich bin zum Beispiel richtig dankbar für die viele Unterstützung, die Gruppen wie die *Psychologists for Future* bereitstellen.

Die Initiative von Psycholog*innen, Psychotherapeut*innen und Studierenden der Psychologie, die sich im Rahmen der *Fridays-for-Future*-Bewegung gründete, bietet ein kostenfreies Beratungsangebot für Protestierende an. Denn die Klimakrise ist auch eine psychologische Krise. Es kommen so viele Emotionen hoch wie Angst, Hilflosigkeit, Wut, Trauer, Verzweiflung, Schuld, und das muss man irgendwie verarbeiten.

Katharina van Bronswijk, Mitgründerin der *Psychologists for Future*, sagte 2021 im Podcast »Klima und wir« des Redaktionsnetzwerks Deutschland (RND): »Die Klimakrise ist auch eine psychologische Krise, weil sie menschengemacht ist. Immer wenn Menschen beteiligt sind, ist etwas auch relevant für die Psychologie.«[151]

Und in ihrem Buch »Klima im Kopf« schreibt sie dazu: »Man merkt plötzlich, dass die Klimakrise kein entferntes Zukunftsereignis ist, nicht nur andere betrifft, nicht nur auf weit entfernten Kontinenten wütet. Zuhause ist plötzlich kein sicherer Ort mehr und man hat zugleich keinen Einfluss auf die Klimaveränderungen, die sich vollziehen. [...] Durch ein Trauma wird das Sicherheitsgefühl erschüttert.«[152]

Gerade die Ohnmacht gegenüber der Klimakrise beschäftigte mich lange. Die Angst, die sie in mir auslöst, arbeite ich mit Therapeut*innen auf. Dabei versuche ich nicht mehr, diese Gefühle zu unterdrücken, sondern ihnen Raum zu geben, ohne mich dabei von ihnen überwältigen zu lassen.

Das geht auch in einem nicht therapeutischen Rahmen, wie wir es bei der *Letzten Generation* mit dem Gruppenformat »Treffen für Mut und Vertrauen« anbieten. Hier werden nach dem Konzept von Joanna Macys »Arbeit, die wieder verbindet«[153] kleine Übungen absolviert, bei denen die Teilnehmenden sich einen achtsamen Umgang mit Gefühlen aneignen. Insbesondere werden vier Schritte durchlaufen: Dankbarkeit, das Zulassen und die Anerkennung von Schmerz und Trauer, Perspektivwechsel sowie neue Wege und Möglichkeiten, etwas individuell zu bewirken. Die gemeinsame Erfahrung im Austausch über das individuelle Erleben lässt viele mit neuer Kraft und Zuversicht in den Protest-Alltag zurückkehren.

Ganz ähnlich lerne ich nach und nach, mich auf Momente zu fokussieren, in denen ich gemerkt habe, dass ich und die anderen Menschen der *Letzten Generation* etwas verändern und mir diese Bilder ins Gedächtnis zu rufen. Dann sehe ich beispielsweise die Schulkinder vor mir, die mir nach meinem Vortrag zuriefen: »Danke, Sie haben das echt toll gemacht!« Oder ich denke an die Frau, die extra mit dem Fahrrad zu unserer Autobahnblockade geradelt kam, um sich bei uns zu bedanken und uns Kekse zu bringen. Oder ich bringe mir den Moment in Erinnerung, als Herbert Grönemeyer bei einem seiner Konzerte von der riesigen Waldbühne in Berlin ruft: »Die Erde brennt, alle haben Burn-out … Wir sollten stolz sein, dass wir endlich hier eine Generation haben, die uns ein bisschen Feuer unterm Hintern macht.« Und Tausende Menschen klatschen.

Selbstwirksamkeit ist die beste Abwehr gegen die erdrückende Ohnmacht.

Die Forscherin Liane Munro stellt in ihrer Arbeit zudem heraus, wie wertvoll der Gruppenzusammenhalt für die Effektivität des zivilen Widerstands ist. Und wie selten er dagegen in seiner Funktion, Gruppen dabei zu unterstützen, widerstandsfähig und produktiv zu bleiben, anerkannt wird.

Munro zeigt in ihren Untersuchungen[154], wie Bewegungen davon profitieren können, wenn sie sich Gedanken machen, wie ein guter Zusammenhalt in der Gruppe hergestellt und aufrechterhalten werden kann. Und wie viele Bewegungen scheitern, wenn sie das nicht tun!

Viele unterschätzen, wie wichtig der Zusammenhalt in einer Gruppe ist. Die Zeit dafür sollte man sich nehmen.

Für mich sind das beispielsweise die täglichen gemeinsamen Abendessen, die es während des Protests gibt und von denen ich ja oben schon geschrieben habe. Viele großartige Menschen haben den ganzen Tag leckeres Essen gekocht, alle kommen zusammen und bereiten sich auf den nächsten Tag gemeinsam vor. Das stärkt den Zusammenhalt ungemein!

Und auch ein gesunder Umgang mit Konflikten ist in der Gruppe unheimlich wichtig. Dieser kann dazu beitragen, dass das Gemeinschaftsgefühl nicht verloren, sondern sogar verstärkt wird. Es ist absolut natürlich, dass es in Gruppen zu Konflikten kommt – besonders, wenn man gerade eine stressige Phase im Protest hat. Dabei geht es nicht nur um strategische Entscheidungen, sondern – wie in jeder Gruppe – auch um das Miteinander.

Manchmal auch moderiert von professionellen Mediator*-innen, dürfen dann alle ihre Sicht auf die Dinge teilen und sagen, wie sie sich dabei fühlen, ohne dass eine Bewertung erfolgt. Dann gilt es, herauszufinden, was die Menschen brauchen, um gemeinsam weiterzuarbeiten und als Gruppe wieder zusammenzufinden.

Zum Schluss dieses Kapitels möchte ich noch etwas anführen, das vielleicht viele nicht gerne hören, weil sie es aus anderen macht- und profitorientierten Zusammenhängen kennen: »Management«.

Protestierende sind nun nicht unbedingt die Manager*-innen in Nadelstreifen, doch je größer eine Organisation oder eine Bewegung wird, desto mehr Menschen muss es geben, die sich darum kümmern, das bestimmte Prozesse koordiniert und strukturiert ablaufen. Hier kann man sich ruhig bei funktionierenden Organisationen und Unternehmen das ein oder andere abgucken.

Auch in der eigenen Arbeit wende ich einige Methoden aus dem modernen Management an: Das Delegieren ist da besonders sinnvoll. Nicht weil ich faul bin und meine Arbeit andere machen sollen, sondern weil das das Effektivste ist.

Dinge abzugeben, ist auch nicht nur für sich selbst gut, sondern es hilft Menschen, die neu in die Gruppe kommen, in Rollen hineinzuwachsen. Selbst wenn es am Anfang Energie und Zeit kostet, weil man den Neuen viel erklären muss, lohnt sich dieser Aufwand. Gerade der zivile Widerstand lebt davon, dass es keine so starre Hierarchie gibt, und Menschen relativ schnell lernen, einen Protest zu organisieren, ein Interview zu geben, ein Training zu leiten.

Zudem ist es wichtig zu priorisieren, denn man wird niemals alles schaffen, was man sich vornimmt, und es werden immer wieder neue Aufgaben auf einen zukommen.

Und es geht überhaupt nicht darum, dass die Dinge immer perfekt erledigt werden. Was es aber braucht, ist eine gute Fehlerkultur!

Dabei ist es wichtig, dass es nicht um Schuld geht, sondern darum, den Mut zu haben, zu seinen Fehlern zu stehen, und zusammen nach Lösungen zu suchen. Das passiert aber nur, wenn die Atmosphäre in der Gruppe gelassen und ohne Druck ist. Deswegen versuche ich, Menschen, die neu dazukommen, gleich zu zeigen, dass es gerade am Anfang vollkommen normal ist, Fehler zu machen.

Und das macht man am besten, wenn man von den eigenen erzählt. Zum Beispiel habe ich in der Anfangszeit der *Letzten Generation* den ganzen (sehr geheimen!) Strategieplan für eine bevorstehende Protestwoche aus Versehen an eine große deutsche Zeitung gemailt. Ich hatte den falschen Link in meine E-Mail kopiert, in der ich eigentlich nur ein Interview freigeben wollte. Nun kannte die Redaktion mit einem Schlag alle Orte und Tageszeiten, zu denen wir Proteste geplant hatten. Was für ein Albtraum! Ich wusste erst gar nicht, wie ich das der Gruppe erklären sollte. Ich war dann ehrlich und habe es den anderen gebeichtet, die zuerst zwar überhaupt nicht begeistert waren, aber mir auch keinen Vorwurf machten.

Alles, was ich in diesem Kapitel aufgeführt habe, sind Ansätze, die helfen können, auf uns selbst und andere gut zu achten. Ein Satz aus dem Film *Pride*, von dem ich oben schon erzählt habe, kommt mir beim Thema Selbstfürsorge immer in den Sinn. Nachdem eine Abstimmung der Arbeiterbewegung ergeben hat, dass die Hilfe der Schwulen- und Lesbenbewegung nicht weiter erwünscht ist und sie keine Spenden mehr zu diesem Zweck sammeln dürfen, gibt es ein abschließendes, emotionales Gespräch zwischen einem befreundeten Mann der Arbeiterbewegung und einem jungen Mann der Lesben- und Schwulenbewegung. Dabei sagt der ältere Mann: »Gib nicht alles in den Kampf, behalte dir auch ein bisschen was für dich. Das Leben beinhaltet so viel mehr.«[155]

Das ist für mich eine wichtige Erkenntnis, dass ich noch Zeit für mich brauche, Zeit mit der Familie, mit Freund*innen, in der Natur. Dann kann ich mich auch wieder voller

Hingabe engagieren oder, um noch mal Svenja Gräfen zu zitieren:

»Pausen und Erholung sind keine Belohnung, sondern eine Voraussetzung fürs Weitermachen. Du musst sie dir nicht erst verdienen – sie stehen dir einfach zu, weil du existierst.«[156]

Deine Zeit für Mut ist jetzt!

»I believe that worrying about the problems plaguing our planet without taking steps to confront them is absolutely irrelevant. The only thing that changes the world is taking action.«

»Ich glaube, dass es absolut hinfällig ist, sich um die Probleme, die unseren Planeten plagen, zu sorgen, wenn wir nichts gegen sie unternehmen. Das Einzige, was die Welt verändert, ist, etwas zu tun.«

Jody Williams, Menschenrechtsaktivistin und Friedensnobelpreisträgerin

ch schaue mir die Fotos von der Januarblockade an, auf denen ich vor dem großen Auto auf der Straße sitze. Nicht auf meinem Handy, am Computer oder in einem Zeitungsartikel, sondern ich blättere durch meine Gerichtsakte. Während ich die letzten Zeilen dieses Buches schreibe, bereite ich mich parallel auf meinen Gerichtsprozess vor. Ich bin angeklagt, auf einem einzigen Strafbefehl sammeln sich allein schon 13 Fälle. Weil die Justiz überzeugt ist, dass ich Straftaten gegen die Gesellschaft und das demokratische System begangen habe – die gleiche Demokratie und Gesellschaft, die ich mit aller Kraft schützen möchte.

Viele weitere Proteste sind noch offen, werden aber in anderen Verfahren verhandelt. Eine große Anzahl Zeug*innen sind geladen, doch es ist nicht nötig, dass sie kommen, da ich mit Namen und Gesicht zu allem stehe, was ich gemacht habe. Die Staatsanwaltschaft setzt meine Strafe auf 180 Tagessätze an – damit wäre ich vorbestraft und müsste eine hohe Geldstrafe zahlen. Es ist mein erstes Gerichtsverfahren. Das alles bewegt mich sehr, und ich bin nervös. Doch auf den Moment, an dem ich den Protest erklären kann, warte ich schon sehr lange; als Sachverständige wurde ich ja viele Male nicht gehört.

Jetzt aber kann ich den Richter*innen sagen, dass der zivile Widerstand angesichts der Dringlichkeit und der Tragweite des Klimanotstandes ein legitimes Mittel ist, das Thema in die Öffentlichkeit zu tragen und Druck auszuüben.

Wahrscheinlich bekomme ich im Gerichtsaal zu hören, dass ich doch in die Politik gehen oder eine Groß-Demonstration organisieren solle und dass das keine juristischen, sondern politische Argumente seien, die ich hier vorbringe. Es gibt Richter*innen, die zeigen Verständnis für die Sache. »Ich weiß um die Dramatik«, sagte ein Richter bei einem Prozess, bei dem ich mich als Sachverständige bereithielt, doch dann folgte eine lange Aufzählung, gegen welche Gesetze der Protestierende in welcher Weise verstoßen habe. Und genau diesen Punkt gilt es zu diskutieren.

Denn wie es Mary Elizabeth King bei ihrem Vortrag beim *Fletcher Summer Institute for the Advanced Study of Nonviolent Conflict* so treffend zusammengefasst hat:

> *We often forget that human rights laws and conventions are not just something written by lawmakers in a suspended process. Many, many human rights that we now regard as universal had first to be fought for by mass non-violent movements and only then were they codified. This is often overlooked and it is not taught in law schools.*[157]

Wir vergessen oft, dass Menschenrechtsgesetze und -konventionen nicht einfach nur etwas sind, das von Gesetzgebern in einem abgeschlossenen Prozess geschrieben wurde. Viele, viele Menschenrechte, die wir heute als universell betrachten, mussten erst von gewaltfreien Massenbewegungen erkämpft werden und wurden erst dann kodifiziert. Das wird oft übersehen und in den juristischen Fakultäten nicht gelehrt.

Deshalb habe ich dieses Buch geschrieben.

Ich wollte zeigen, wie historisch und politisch bedeutsam der zivile Widerstand ist und was er schon alles erreicht hat. Wie friedlich, wie angemessen, wie demokratisch, wie strategisch, wie unterschiedlich, wie vereinend, wie zeitgemäß, wie wissenschaftlich – und insbesondere wie wichtig und effektiv er für Veränderungen insgesamt ist.

Ich hoffe, die Leser*innen können aktuelle Proteste nun besser einordnen, wenn sie die Nachrichten sehen oder reißerische Überschriften lesen. Oder – wenn am Küchentisch, in Studi-WGs oder im familiären Wohnzimmer wieder hitzig über das Thema diskutiert wird –, mit wissenschaftlichen Erkenntnissen für Verständnis werben und sagen:

»Hier, lies doch mal.«

Ich habe an vielen historischen Beispielen auf der ganzen Welt, aber auch hier in Deutschland gezeigt, dass der zivile Widerstand eine Methode ist, die viele Menschen zusammenbringen und auf der gesellschaftlichen Ebene eine Welle lostreten kann, die viel kraftvoller ist, als das, was jede einzelne Person allein erreichen kann.

Und diese Wellen auf der gesellschaftlichen Ebene brauchen wir jetzt erneut!

Denn die Klima-Katastrophe kommt viel schneller als erwartet. Als ich dieses Buch abschließe ist es Juni 2023, und schon jetzt ist es so unglaublich heiß. In Brandenburg, in Rheinland-Pfalz und in Mecklenburg-Vorpommern brennen die Wälder – Bilder, wie man sie früher nur aus dem Süden Europas kannte. Aufgrund der großen Trockenheit in manchen Regionen Frankreichs gibt es schon jetzt Restriktionen beim Wasserverbrauch. Klimaphänomene wie etwa El Niño, der laut Expert*innen dieses und nächstes Jahr wieder auftreten wird, verschlimmern die Lage noch und verstärken Überschwemmungen und Dürren. Ich komme gar nicht hinterher die ganzen Ereignisse aufzuschreiben.

Und wer weiß, wie es im Spätsommer aussieht, wenn dieses Buch erscheint. Ich freue mich schon lange nicht mehr auf den Sommer!

Der UN-Generalsekretär António Guterres hat vor kurzem einen berührenden, öffentlichen Brief an seine Ur-Urenkelin geschrieben:

> *As I write you in 2023, humanity is losing the fight of our lives: the battle against climate upheaval that threatens our planet.*[158]

Während ich dir im Jahr 2023 schreibe, verliert die Menschheit den Kampf ihres Lebens: den Kampf gegen die Klimakatastrophe, die unseren Planeten bedroht.

Dazu schreibt er auf Twitter:

Will future generations look back on our actions with happiness & gratitude — or with disappointment & anger?
I want my great-great-granddaughter to know that I never stopped fighting for climate action, climate justice and a better, more peaceful world.

Werden künftige Generationen mit Freude und Dankbarkeit auf unser Handeln zurückblicken – oder mit Enttäuschung und Ärger?
Ich will, dass meine Ur-Ur-Enkelin weiß, dass ich nie aufgehört habe, für Klimaschutz, Klimagerechtigkeit und eine bessere, friedlichere Welt zu kämpfen.

Diese Worte treffen bei mir genau ins Mark.
Warum habe ich bei diesen Prognosen nicht schon längst aufgehört, obwohl die Situation so ausweglos erscheint? Warum mache ich weiter?
Weil der zivile Widerstand uns schon so oft gezeigt hat:

Wir sind stärker, als wir denken! Und gemeinsam können wir etwas erreichen!

Zu sehen, wie wir bei der *Letzten Generation* von einer kleinen Gruppe zu einer riesigen Bewegung geworden sind, zeigt mir, dass das, was ich hier schreibe, funktionieren kann.
Wenn ich mir mal einen Moment nehme und darüber nachdenke, wie viele Proteste überall stattfinden, wie viel

Energie Menschen in den Widerstand stecken, dann macht mir das Mut und gibt mir Kraft.

Und das Potenzial ist noch lange nicht ausgeschöpft.

Ich bin überzeugt, dass viel mehr Menschen auf verschiedenste Arten am Protest teilhaben können – insbesondere diejenigen, die eigentlich die Ressourcen dafür hätten, sagt doch der Autor Frank Schätzing, dass es in Sachen Klimakrise vor allem die jungen Menschen sind, die das gerade schultern:

> Vielleicht sollten wir etwas mehr Dankbarkeit zeigen, dass Kinder und Jugendliche sich politisch engagieren (…) Die meisten (…) setzen ihre Lehrjahre, ihr Studium aufs Spiel, um gegen Ignoranz und Trägheit anzugehen. (…) Junge Leute finden die Zukunft oft beängstigender als die Vergangenheit, denn in ihr *müssen* sie leben (…) Also opfern sie für ihre Zukunft ihre Zukunft.[159]

Es geht mir nicht darum, den Älteren die Schuld zuzuschieben und ihnen ein schlechtes Gewissen zu machen.
Es geht mir darum, dass wir jetzt alle zusammenkommen.

Ich denke dabei immer wieder an meine Oma und meinen Opa. Sie haben erlebt, was es heißt, in einem fremden Land anzukommen und durch unsichere Zeiten zu gehen. Der Mut meiner Großeltern, neu anzufangen und das Alte und

Gewohnte hinter sich zu lassen, war notwendig, um ein gutes Leben führen zu können.

Jetzt ist es für uns alle an der Zeit, das Alte und Gewohnte hinter uns zu lassen und neu anzufangen, um die Chance auf ein gutes Leben zu haben. Was wir dafür tun müssen, ist klar. Viele kluge Wissenschaftler*innen, wie die Ökonomin Claudia Kemfert, die Transformationsforscherin Maja Göpel sowie die Expert*innen für Regenerative Energiesysteme Volker und Cornelia Quaschning, weisen seit Jahren darauf hin, was zu tun ist. Technologien wie Geo-Engineering, Carbon Removal, grüner Wasserstoff und Digitalisierung können uns jedenfalls nicht allein retten.

Im Grunde geht es darum, sich darauf zurückzubesinnen, was uns wichtig ist, was wir wirklich brauchen, und die Emissionen sofort zu reduzieren. Nicht Einzelne, sondern die Politik muss es möglich machen, dass wir uns als Gesellschaft anders fortbewegen, anders heizen, unser Essen mit und nicht gegen die Natur anbauen, unsere Energie vor allem aus Sonne, Wind und Wasser beziehen und unseren Wachstumszwang grundsätzlich hinterfragen.

Ich werde weiter zum zivilen Widerstand forschen. Um auf das Gleichnis mit den Zwergen auf den Schultern von Riesen zurückzukommen: Ich stehe auf den Schultern von Riesen, und es gibt noch so viele Sachen, die es zu erforschen gilt: über die Rolle von Unterschiedlichkeiten im Widerstand, über verschiedene Protestformen, über die Mobilisierung von Menschen und Säulen und noch so vieles mehr, das für den Erfolg von zivilem Widerstand entscheidend ist.

Ich möchte über die Grundlagen des zivilen Widerstands noch mehr auf Englisch veröffentlichen, um auch in anderen Ländern den zivilen Widerstand weiter in die Gesellschaft zu tragen. Mit einem Buch wird es nicht getan sein, deswegen suche ich nach weiteren Formaten, um meine Ideen zu verbreiten. Dabei möchte ich mit vielen Forscher*innen, besonders auch aufstrebenden Wissenschaftler*innen in Deutschland wie Dalilah Shemia-Goeke und Monika Onken zusammenarbeiten!

Und natürlich leiste ich selbst weiter Widerstand.

Egal, wie sehr ich beschimpft werde, wie mühsam es ist oder wie viele Gerichtsprozesse mir drohen. Durch das, was ich wissenschaftlich gelernt und aus der Praxis erfahren habe, fühlt es sich gerade richtig an.

Aber leicht ist das nicht. Mir zittern immer noch die Knie und mein Herz rast, kurz bevor ich in den Protest gehe.

Doch ich habe gelernt, widerständig, unbequem, ungeduldig, sichtbar und politisch fordernd zu sein.

Mit meinen eigenen Ängsten habe ich mich Stück für Stück auseinandersetzen müssen, auf der Köhlbrandbrücke in Hamburg, am Kanzleramt in Berlin, im Hungerstreik, auf der Autobahn. Und mein Mut hat sich ausgezahlt.

Worauf wollen wir noch warten?
Worauf wartest du noch?
Deine Zeit für Mut ist jetzt!

Dank

Zu meiner Verwunderung ist die Danksagung für mich das Schwerste am ganzen Buch, da ich das Gefühl habe, sie wird den ganzen vielen mutigen, tollen Menschen, die ich jeden Tag erlebe, nicht gerecht. Ich weiß nicht, wie ich es in Worten ausdrücken soll, aber ihr verdient nichts weniger als Anerkennung, Lob, Wertschätzung, Unterstützung und Liebe. Ich will versuchen, euch das über diese Zeilen hinaus jeden Tag aufs Neue zu geben! Danke für eure ganze Unterstützung, Aufmunterung und Wertschätzung!

Ich möchte mich besonders bei meiner Familie und meinem Freund bedanken. Ihr habt mich immer bestärkt, mitgefiebert und mir geholfen! Ich hab euch lieb! Auch bei meinen Freund*innen möchte ich mich bedanken – ihr seid immer für mich da und findet so liebe Worte, um mich zu unterstützen. Ich bin froh, dass ich euch hab!

Wichtig ist mir zu erwähnen, dass das Buch ohne die Arbeit von Johanna Schnitzler, Martina Seith-Karow und Astrid Herbold nicht entstanden wäre! Johanna – das, was du gemacht hast, ging weit über Recherche hinaus, und ich bin so dankbar für deine immer passenden und klugen Gedanken.

Ich weiß, dass du Großes vor dir hast! Martina – danke, dass du immer an die Idee geglaubt und alles aus dem Buch herausgeholt hast. Und mir alles gegeben hast, was ich brauchte! Astrid – vielen Dank, dass du immer genau wusstest, was ich brauchte, mich aufgebaut hast und zu jeder Uhrzeit erreichbar warst. Ich hoffe, du vergisst nie, wie viel Power du hast! Danke auch an Mirjam, Verena und Kerstin – ihr wart immer eine große Unterstützung.

Vielen Dank auch an alle Menschen, die mir Feedback zu dem Buch gegeben haben. Ich habe mich an euch gewandt, weil ich euch vertraue und mich bei euch sicher fühle. Ich schätze eure Expertise und eure Arbeit sehr und weiß, dass eure Kritik mich weiterbringt. Eure Worte haben mich ermutigt! Dieser Dank gilt auch meiner Forschungsgruppe, die so wertvolle Arbeit macht und mir immer wieder zeigt, dass ich nicht alleine bin.

An dieser Stelle einen besonderen Dank an Lea Dehning für das Sensitivity Reading. Deine Arbeit ist so unglaublich wichtig!

Und schließlich danke an alle, die sich für Gerechtigkeit einsetzen! Alle (unsichtbaren) Widerständler*innen, die für uns den Weg bereitet haben und alle, die noch kommen werden.

Bleibt stark!

Anmerkungen

1 World Meteorological Organization, State of the Global Climate 2020, Genf 2021, S. 6.

2 Umweltbundesamt, Trends der Lufttemperatur, 2023. https://www. umweltbundesamt.de/daten/klima/trends-der-lufttemperatur#steigende-durchschnittstemperaturen-weltweit

3 Bei einer Umfrage des ARD-DeutschlandTrends gaben im April 2023 rund vier von zehn Menschen an, dass es ihnen beim Klimaschutz nicht schnell genug geht. 44 Prozent wünschen sich hier schnellere Veränderungen. https://www.tagesschau.de/inland/deutschlandtrend/deutschlandtrend-3339.html

4 Erica Chenoweth/Maria J. Stephan, Why Civil Resistance Works: The Strategic Logic of Nonviolent Conflict, New York 2011

5 Gene Sharp, The Politics of Nonviolent Action. 1, Power and Struggle, Boston 1973.
Gene Sharp, The Politics of Nonviolent Action. 2, The Methods of Nonviolent Action, Boston 1973.
Gene Sharp, The politics of Nonviolent Action. 3, The Dynamics of Nonviolent Action, Boston 1973.

6 Gene Sharp, Von der Diktatur zur Demokratie: Ein Leitfaden für die Befreiung, München 2008.

7 »Dictators are never as strong as they tell you they are. People are never as weak as they think they are.« Aus: Ruaridh Arrow, How to Start a Revolution, Schottland 2011.
Zitate, die nicht übersetzt vorlagen, haben wir selbst frei übersetzt. Werden sie im Text herausgestellt und gefettet, steht die Originalversion dabei, tauchen sie im Fließtext auf, findet sich zugunsten des Leseflusses die Originalversion in den Endnoten.

8 Das Wissenschaftszentrum Berlin für Sozialforschung ist traditionell eng verbunden mit den Berliner Universitäten: der Humboldt-Universität zu Berlin, der Freien Universität Berlin, der Technischen Universität Berlin

und der Universität der Künste Berlin. Vielfältige Kooperationsvorhaben bestehen mit der Hertie School of Governance und der European School of Management and Technology (ESMT).

9 »Widerstand und nicht der Verhandlungsweg ist von entscheidender Bedeutung, um in Konflikten, bei denen es um grundsätzliche Fragen geht, zu Veränderung zu kommen«, schreibt Gene Sharp in: Von der Diktatur zur Demokratie: Ein Leitfaden für die Befreiung, München 2008, S. 27. Ich stimme ihm völlig zu, auch wenn er damals den gewaltlosen Sturz von Regimen meinte, und ich heute auf den Straßen eines demokratisch regierten Landes sitze.

10 https://www.ndr.de/geschichte/chronologie/Rene-Leudesdorff-auf-Helgoland-Mit-Flaggen-fuer-eine-freie-Insel,leudesdorff102.html

11 Thorsten Schmidt, Wenn Polizisten sich betrinken, kann das eine Widerstandshandlung sein, 1990. https://taz.de/Wenn-Polizisten-sich-betrinken-kann-das-eine-Widerstandshandlung-sein/!1739972/

12 Für eine Übersicht über Proteste mit zivilem Widerstand siehe unter anderem: April Carter / Howard Clark / Michael Randle (Hrsg.), A Guide to Civil Resistance: A Bibliography of People Power and Nonviolent Protest, Vol 1, London 2013.
Global Nonviolent Action Database https://nvdatabase.swarthmore.edu

13 Mt 21,12–17.

14 Bertha von Suttner, Die Waffen nieder! Eine Lebensgeschichte. Volksausgabe, Dresden: E. Pierson's Verlag, [um 1920]. 2. Band, Dresden/Leipzig 1899, S. 105.

15 International Center on Nonviolent Conflict, Why Civil Resistance Works, 2010. https://www.nonviolent-conflict.org/why-civil-resistance-works/

16 WDR, Umfrage: Wort »Aktivist« löst negative Assoziationen aus, 2022. https://www1.wdr.de/nachrichten/landespolitik/aktivist-umfrage-infratest-dimap-100.html

17 »I was not like them. For them, nonviolence was a principle. For me, it was a tactic.« Aus: CNN, Nelson Mandela Dies, 2013. https://transcripts.cnn.com/show/acl/date/2013-12-05/segment/01

18 Scott Frank, Doppelbauer, in: Das Damengambit, Staffel 1 Episode 3, 2020.

19 Robert Weisbrot, Freedom bound: A history of America's Civil Rights movement, New York 1990, S. 28.

20 Jugendopposition in der DDR, Revolution 89 – Friedensgebete und Montagsdemonstrationen_RHG_Fak_0122. https://www.jugendopposition.de/153405?gallery=&transcription=1

21 Betty Williams, Nobel Lecture, 1977. https://www.nobelprize.org/prizes/peace/1976/williams/lecture/

22 RedaktionsNetzwerk Deutschland, CSU-Politiker Dobrindt: »Entstehung

einer Klima-RAF muss verhindert werden«, 2022. https://www.rnd.de/politik/csu-politiker-dobrindt-ueber-letzte-generation-klima-raf-muss-verhindert-werden-Z27JODTPPVBIY4GV6VZYLW3I44.html

23 Steve Chase, The problem with saying movements must be ›totally nonviolent‹ to succeed, 2019. https://wagingnonviolence.org/2019/07/the-problem-with-saying-movements-must-be-totally-nonviolent-to-succeed/

24 »It's pretty routine«, sagte er auf die Frage: »Can you provide some examples of past provocateur interference in social movements in the U.S. and who might be backing them?« Aus: Chris Steele, Conversation with Noam Chomsky about Social Justice and the Future, Jesuit Higher Education 1, no. 2, 2012, S.33.

25 Ebd.

26 Gene Sharp, The Politics of Nonviolent Action. 2, The Methods of Nonviolent Action, Boston 1973.

27 https://www.tactics.nonviolenceinternational.net/tactics

28 Bernhard Pötter, Klimastreik ist Warnstreik, 2023. https://taz.de/Protest-von-Fridays-for-Future-und-Verdi/!5916338/

29 Srđa Popović, Protest! Wie man die Mächtigen das Fürchten lehrt, Frankfurt a.M. 2015, S.90.

30 https://www.deutschlandfunk.de/srdja-popovic-protest-anleitung-zur-friedlichen-revolution-100.html

31 Majeken Jul Sørensen, Humour in Political Activism: Creative Nonviolent Resistance, Basingstoke 2016.

32 Zur Vereinnahmung des zivilen Widerstands für rechte Ziele siehe unter anderem: Daniel Petz, The Dark Side of Nonviolent Action? Right-wing Populism and the Use of Nonviolent Action, Populism, Vol. 4, No. 2 (2021), S.221–244.

33 Jeanette Schindler, Verfassungsschutz: »Klimaaktivisten sind keine Extremisten«, 2022. https://www.swr.de/swraktuell/rheinland-pfalz/demokratie-forum-verfassungsschutz-letzte-generation-keine-extremisten-100.html

34 Jochen Bittner, Heinrich Wefing, Geht das zu weit?, 2023. https://www.zeit.de/2023/18/letzte-generation-strassenblockaden-klimaprotest

35 Jamiles Lartey, Diane Nash: »Non-violent protest was the most important invention of the 20th century«, 2017. https://www.theguardian.com/global-development-professionals-network/2017/apr/06/diane-nash-non-violent-protest-civil-rights-gandhi-martin-luther-king

36 Adrian Karatnycky / Peter Ackerman / Mark Y. Rosenberg, How Freedom is Won. From Civic Resistance to Durable Democracy, New York 2005. https://www.nonviolent-conflict.org/resource/freedom-won-civic-resistance-durable-democracy/

37 Ebd., S. 6.
   Konkrete Beispiele für die lange demokratische Tradition des zivilen
   Widerstands sind unter anderem die Farbrevolutionen in Georgien 2003, in
   der Ukraine und im Libanon 2005; die Demokratisierung auf den Philippi-
   nen im Jahr 1986, Polen im Jahr 1988, Tschechien und Ungarn im Jahr 1989,
   Serbien im Jahr 2000 sowie in Nepal im Jahr 2006.

38 Véronique Dudouet, Do nonviolent revolutions lead to better democracies?,
   2020. https://berghof-foundation.org/news/do-nonviolent-revolutions-
   lead-to-better-democracies

39 Henry David Thoreau, Über die Pflicht zum Ungehorsam gegen den Staat
   und andere Essays, Zürich 1973.

40 Änne Seidel, Robin Celikates: Klimaprotest ist »nicht antidemokratisch«,
   2019. https://www.deutschlandfunk.de/philosoph-zu-extinction-rebellion-
   robin-celikates-100.html

41 Gene Sharp, The Politics of Nonviolent Action. 1, Power and Struggle,
   Boston 1973.

42 Ebd., S. 3.

43 Verkehrsminister Volker Wissing etwa sagte im April 2022 im Interview
   mit der Hamburger Morgenpost, dass ein Tempolimit wegen eines
   Schildermangels nicht umsetzbar sei. Siehe: Annalena Barnickel / Maik
   Koltermann, Wissing im MOPO-Interview: Tempolimit wegen Schilder-
   mangel nicht umsetzbar, 2022. https://www.mopo.de/hamburg/ein-
   flaechendeckendes-tempo-30-fuer-hamburg-lehne-ich-ab/

44 Tagesschau, Wachsende Mehrheit für Tempolimit, 2021. https://www.
   tagesschau.de/inland/deutschlandtrend/deutschlandtrend-2803.html

45 https://lebenswerte-staedte.de/de/

46 Evangelische Kirche in Deutschland, Beschluss zu Tempolimit in der
   evangelischen Kirche, 2022. https://www.ekd.de/beschluss-tempolimit-in-
   der-evangelischen-kirche-76252.htm

47 Die Bundesregierung, Mehr Fortschritt wagen. Bündnis für Freiheit,
   Gerechtigkeit und Nachhaltigkeit. Koalitionsvertrag 2021–2025 zwischen
   der Sozialdemokratischen Partei Deutschlands (SPD), BÜNDNIS 90 / DIE
   GRÜNEN und den Freien Demokraten (FDP), 2021, S. 52. https://www.
   bundesregierung.de/resource/blob/974430/1990812/1f422c60505b6a88f8f3
   b3b5b8720bd4/2021-12-10-koav2021-data.pdf?download=1

48 Jeanette Schindler, Verfassungsschutz: »Klimaaktivisten sind keine
   Extremisten«, 2022. https://www.swr.de/swraktuell/rheinland-pfalz/
   demokratie-forum-verfassungsschutz-letzte-generation-keine-
   extremisten-100.html

49 https://www.youtube.com/watch?v=9q42gGXUzY8

50 Marco Bülow, Lobbyland. Wie die Wirtschaft unsere Demokratie kauft,
   Berlin 2021.

51 Parlament Österreich, Wie funktionieren BürgerInnenräte zu Gesetzes-vorhaben in Europa?, 2021. https://www.parlament.gv.at/fachinfos/rlw/Wie-funktionieren-BuergerInnenraete-zu-Gesetzesvorhaben-in-Europa

52 Robert Roßmann, »Wir müssen unsere parlamentarische Demokratie zukunftsfähig machen«, 2020. https://www.sueddeutsche.de/politik/schaeuble-bundestagspraesident-buergerraete-1.5044696

53 Zur Ausgestaltung von Gesellschafts- und Bürger*innenräten siehe auch: https://letztegeneration.org/gesellschaftsrat/

54 Aminata Touré, Wir können mehr sein. Die Macht der Vielfalt, Köln 2021.

55 https://www.bundestag.de/parlament/plenum/sitzverteilung_20wp

56 SWR, BW-Innenminister lobt Polizei und Kirche für Umgang mit »Letzter Generation«, 2022. https://www.swr.de/swraktuell/baden-wuerttemberg/stuttgart/letzte-generation-gottesdienst-weihnachten-stuttgart-100.html?

57 Erica Chenoweth, Civil resistance: What everyone needs to know®, Oxford 2021.

58 Lee A. Smithey / Lester R. Kurtz, »Smart« Repression. In: Lee A. Smithey / Lester R. Kurtz (Hrsg.), The Paradox of Repression And Non-violent Movements, Syracuse 2018, S. 185–214.

59 Brian Martin, From political jiu-jitsu to the backfire dynamic: how repres-sion can promote mobi-lization, in: Kurt Schock (Hrsg.), Civil Resistance: Comparative Perspectives on Nonviolent Struggle, Minneapolis 2015, S. 145–167.

60 Unwort Aktion, Unwort des Jahres 2022 gewählt, 2022. https://www.unwortdesjahres.net/presse/aktuelle-pressemitteilung/

61 Johannes Schneider, Klimaterroristen, das sind wir doch alle, 2023. https://www.zeit.de/kultur/2023-01/unwort-des-jahres-2022-klimaterroristen-sprachkritik?utm_referrer=https%3A%2F%2Fduckduckgo.com%2F

62 https://www.bundesregierung.de/breg-de/service/bulletin/rede-von-bundeskanzlerin-dr-angela-merkel-1788710

63 »Advances in global levels of democracy made over the last 35 years have been wiped out.« Aus: V-Dem Institute, Democracy Report 2023. Defiance in the Face of Autocratization, Gothenburg 2023, S. 6. https://www.v-dem.net/documents/30/V-dem_democracyreport2023_highres.pdf

64 Friedrich-Ebert-Stiftung, Kanzlerkandidat Olaf Scholz spricht mit Klima-Aktivist_innen von »Letzte Generation«, 2021. https://www.fes.de/olaf-scholz-letzte-generation

65 Ebd.

66 t-online, Reinhold Messner wettert gegen »Letzte Generation«, 2023. https://www.t-online.de/nachrichten/klima-und-umwelt/id_100154240/reinhold-messner-gegen-die-letzte-generation-machen-einfach-terror-.html

67 NDR, Hamburg: »Letzte Generation« setzt Tschentscher ein Ultimatum, 2023. https://www.ndr.de/nachrichten/hamburg/Hamburg-Letzte-Generation-setzt-Tschentscher-ein-Ultimatum,letztegeneration234.html

68 https://osf.io/5mb3u/

69 Bill Moyer, The Movement Action Plan: A Strategic Framework Describing The Eight Stages of Successful Social Movements, 1987.

70 Ebd.

71 Erica Chenoweth / Maria J. Stephan, Why Civil Resistance Works: The Strategic Logic of Nonviolent Conflict, New York 2011, S.7–9.

72 Erica Chenoweth, Civil Resistance: What Everyone Needs to Know®, Oxford 2021, S.95.

73 Ralph Ranalli / Susan Hughes: Mightier than the sword: The unexpected effectiveness of nonvio-lent resistance, in: HKS PolicyCast Episode 207, 2019. https://www.hks.harvard.edu/more/policycast/mightier-sword-unexpected-effectiveness-nonviolent-resistance#transcript

74 Richard Bartlett Gregg, The Power of Nonviolence, Cambridge 2018.

75 Sara Schurmann, Journalist:innen, nehmt die Klimakrise endlich ernst!, 2020. https://uebermedien.de/52582/journalistinnen-nehmt-die-klimakrise-endlich-ernst

76 ZEIT online, Razzien gegen Letzte Generation entzweien Landespolitik, 2023. https://www.zeit.de/news/2023-05/31/razzien-gegen-letzte-generation-entzweien-landespolitik

77 Felina Wellner, Harald Lesch nach Razzia bei »Letzter Generation«: »Ihr seid keine Kriminellen«, 2023. https://www.fr.de/panorama/protest-durchsuchung-polizei-beschlagnahmung-homepage-kritik-razzia-harald-lesch-letzte-generation-92306958.html

78 Volksbühne am Rosa-Luxemburg-Platz, Hausbesuchung durch Letzte Generation. Hoffnung oder Ohnmacht!, 2023. https://www.volksbuehne.berlin/#/de/veranstaltungen/hausbesuchung-durch-letzte-generation

79 Kurt Schock, Unarmed Insurrections: People Power Movements in Non-democracies, Minneapolis 2005.

80 Beate Hoffmann, »Wir befreiten Helgoland«, 1996. https://taz.de/Wir-befreiten-Helgoland/!1423284/

81 ZEIT online, Faeser hat »nicht das geringste Verständnis« für Letzte Generation, 2023. https://www.zeit.de/politik/deutschland/2023-04/nancy-faeser-letzte-generation-polizei

82 Süddeutsche Zeitung, Vereinte Nationen betonen Bedeutung von Klima-Aktivisten, 2023. https://www.sueddeutsche.de/politik/vereinte-nationen-klimaaktivisten-bedeutung-razzia-letzte-generation-1.5882526

83 Philippe Debionne, »Missgeburt«: Autofahrer und Klima-Aktivisten geraten in Berlin aneinander, 2023. https://www.berliner-zeitung.de/news/missgeburt-autofahrer-und-klima-aktivisten-geraten-in-berlin-

aneinander-li.244237?utm_medium=Social&utm_source=Twitter#
Echobox=1657192342

84 Iris Rosendahl, »Was ich von Klimaklebern halte? Das sind Vollidioten!«,
2023. https://www.bild.de/unterhaltung/leute/leute/til-schweiger-rechnet-
mit-klima-klebern-ab-das-sind-vollidioten-83375258.bild.html

85 Srđa Popović / Tori Porell, Making Oppression Backfire, Belgrad 2013.

86 Ebd., S. 69.

87 Abkürzung für lesbisch, schwul, bisexuell, transgeschlechtlich und
queer

88 Christopher Amos, Hating Peter Tatchell, 2020.

89 Spiegel, Große Mehrheit der Deutschen lehnt Proteste der »Letzten
Generation« ab, 2023. https://www.spiegel.de/politik/deutschland/letzte-
generation-grosse-mehrheit-der-deutschen-lehnt-proteste-ab-umfrage-a-
2d516a58-b12d-4f92-84e4-27aaa16e2a38

90 Zur Praxis des Racial Profiling siehe unter anderem: Vanessa Eileen
Thompson, »Racial Profiling«, institutioneller Rassismus und Inter-
ventionsmöglichkeiten, 2020. https://www.bpb.de/themen/migration-
integration/kurzdossiers/migration-und-sicherheit/308350/racial-
profiling-institutioneller-rassismus-und-interventionsmoeglichkeiten/

91 Es ist nicht ganz eindeutig, wer das Konzept der *pillars of support*, also
der unterstützenden Säulen einer Gesellschaft, zuerst entwickelte, klar ist
jedoch, dass Robert L. Helvey, ein Schüler Gene Sharps, durch sein Buch
»On Strategic Nonviolent Conflict«, wie auch Gene Sharp selbst, durch
sein Werk »The Politics of Nonviolent Aktion«, das Modell der *pillars of
support* maßgeblich mitprägten. In diesem Modell sind Institutionen, wie
Kirchen, Schulen oder Verbände die Säulen, die das Dach, also die Führung
eines politischen Systems, tragen und legitimieren.

92 https://horizonsproject.us/the-pillars-of-support-project/

93 James Tobin, The first Teach-In. https://heritage.umich.edu/stories/
the-first-teach-in/

94 Ebd.

95 Ebd.

96 Ebd.

97 Rieke Wiemann, Der falsche Weg, 2021. https://taz.de/Protestaktion-in-
Berlin/!5797798/

98 Erica Chenoweth / Andrew Hocking / Zoe Marks, A dynamic model of
nonviolent resistance strategy, PLoS ONE 17(7), 2022.

99 Dabei geht es natürlich nicht nur um christliche Kirchen und Gemeinden,
sondern auch zum Beispiel um jüdische und muslimische.

100 Mike Jackson, About LGSM. http://lgsm.org/about-lgsm

101 LGBT+ Labour, A Legacy of LGBT+ Activism. https://www.lgbtlabour.
org.uk/labours_legacy

102 Jesuiten in Zentraleuropa, Wegen Klimanotfall: Jesuiten unterstützen Klimaproteste, 2022. https://www.jesuiten.org/news/wegen-klimanotfall-jesuiten-unterstuetzen-klimaproteste

103 Domradio.de, »Raum für Dialog«, 2023. https://www.domradio.de/artikel/weshalb-die-letzte-generation-einer-kirche-auftritt

104 Ökoworld, Pressemitteilung. ÖKOWORLD Gründer Alfred Platow: Statement und Korrektur zur Meldung Unterstützung der Letzten Generation vom 2. Mai, 2023. https://www.oekoworld.com/oekoworld-aktie/news-presse/pressemitteilungen/details/oekoworld-gruender-alfred-platow-statement-und-korrektur-zur-meldung-unterstuetzung-der-letzten-generation-vom-2-mai

105 An dieser Stelle wie auch im laufenden Kapitel sind in diesem Zusammenhang cis-Männer gemeint.

106 »We cannot let violence overcome nonviolence«. Aus: https://www.youtube.com/watch?v=GIffL6KplzQ

107 So wurde ich etwa auf Marie Jane Owen, Kitty Cohen und Judith Heumann aufmerksam. Sie organisierten 1977 einen riesigen mehr als 20 Tage langen Sit-in an einem staatlichen Gebäude in San Francisco, um die Rechte von behinderten Amerikaner*innen zu stärken. Disability Rights Florida, Disability History: The 1977 504 Sit-In. https://disabilityrightsflorida.org/blog/entry/504-sit-in-history

108 Jugend im Bund für Umwelt und Naturschutz Deutschland e.V., Kolonialismus & Klimakrise. Über 500 Jahre Widerstand, Berlin 2021, S. 10. https://www.bundjugend.de/wp-content/uploads/Kolonialismus_und_Klimakrise-ueber_500_Jahre_Widerstand.pdf

109 Erica Chenoweth/Zoe Marks, Revenge of the Patriarchs: Why Autocrats Fear Women, 2022. https://www.foreignaffairs.com/articles/china/2022-02-08/women-rights-revenge-patriarchs

110 Frauen in Chile etwa waren die Erfinderinnen des *cacerolazo*, einer Form des Protestes mit Töpfen und Pfannen. Diese Protestform wurde erstmals 1971 unter der Regierung von Salvador Allende angewandt, um gegen die Lebensmittelknappheit zu protestieren, und anschließend von weiteren Bewegungen zum Beispiel auf den Philippinen übernommen. (vgl. Erica Chenoweth, Civil Resistance: What Everyone Needs to Know®, Oxford 2021 S. 97)

111 Erica Chenoweth/Zoe Marks/Matthew Cebul/Miranda Rivers, Youth and LGBTQ+ Participa-tion In Nonviolent Action, 2023. https://pdf.usaid.gov/pdf_docs/PA00ZSDF.pdf

112 Ebd.

113 Thaddeus Morgan, The Gay ›Sip-In‹ that Drew from the Civil Rights Movement to Fight Discrimination, 2021. https://www.history.com/news/gay-rights-sip-in-julius-bar

114 Jim Farber, Before the Stonewall Uprising, There was the ›Sip-In‹, 2016. https://www.nytimes.com/2016/04/21/nyregion/before-the-stonewall-riots-there-was-the-sip-in.html

115 George Lakey, What we can learn from the LGBTQ movement's 50 years of achievement, 2019. https://wagingnonviolence.org/2019/06/lgbtq-movement-50-years-stonewall-lessons/

116 »They said, ›We have too many speakers as it is. The program is too long. You are already represented.‹ [...] Indeed, women were the backbone of the movement.« Aus: Dorothy I. Height, »We Wanted the Voice of a Woman to Be Heard«. Black Women and the 1963 March on Washington. In: Bettye Collier-Thomas / V.P. Franklin, Sisters in the Struggle. African American Women in the Civil Rights-Black Power Movement, New York 2001, S. 83–91. S. 87.

117 »She was really quite a powerful speaker. I remember being awestruck.« Aus: Courtney Pace, Freedom Faith: The womanist vision of Prathia Hall, Athens 2019.

118 »Don't use the lines about ›I have a dream‹. It's trite, it's cliche. You've used it too many times already.« Aus: Gray Younge, Martin Luther King: the story behind his ›I have a dream speech‹, 2013. https://www.theguardian.com/world/2013/aug/09/martin-luther-king-dream-speech-history

119 »People always say that I didn't give up my seat because I was tired, but that isn't true. I was not tired physically, or no more tired than I usually was at the end of a working day. [...]No, the only tired I was, was tired of giving in.« Aus: Rosa Parks, »Tired of Giving In«: The Launching of the Montgomery Bus Boycott, in: Bettye Collier-Thomas / V.P. Franklin, Sisters in the Struggle. African American Women in the Civil Rights-Black Power Movement, New York 2001, S. 61.

120 »I thought of Emmett Till and I couldn't go back.« Aus: https://www.loc.gov/exhibitions/rosa-parks-in-her-own-words/about-this-exhibition/the-bus-boycott/emmett-till-with-his-mother/

121 »Apparently indefatigable, she, perhaps more than any other person, was active on every level of the protest.« Aus: Martin Luther King Jr., Stride Toward Freedom: The Montgomery Story, New York 1958, S.78.

122 »The glorious thing is that he came to a profoundly deep understanding of nonviolence through the struggle itself, and through reading and discussions which he had in the process of carrying on the protest.« Aus: Rustin, Bayard, in: The Martin Luther King, Jr. Research and Education Institute, The King Encyclopedia. https://kinginstitute.stanford.edu/encyclopedia/rustin-bayard

123 Thaddeus Morgan, Why MLK's Right-Hand Man, Bayard Rustin, Was Nearly Written Out of History, 2021. https://www.history.com/news/bayard-rustin-march-on-washington-openly-gay-mlk

124 Lisa Jaspers / Naomi Ryland / Silvie Horch (Hrsg.), Unlearn Patriarchy, Berlin 2022.

125 Vgl. ebd., S. 12.

126 »I see this as one of the weaknesses of the civil rights movement, the way the men looked at women.« Aus: Septima P. Clark, Ready from Within: Septima Clark and the civil rights movement, Navarro, California 1986, S. 79.

127 The Daily Beast, Women in the World 2012: Gbowee's Advice on Going From Victim to Activ-ist, 2012. https://www.youtube.com/watch?v=aoYsmjzAEao

128 Friedrich-Ebert-Stiftung, Kanzlerkandidat Olaf Scholz spricht mit Klima-Aktivist_innen von »Letzte Gene-ration«, 2021. https://www.fes.de/olaf-scholz-letzte-generation

129 Friedrich-Ebert-Stiftung, Kanzlerkandidat Olaf Scholz spricht mit Klima-Aktivist_innen von »Letzte Generation«, 2021. https://www.youtube.com/watch?v=q0KpnFzFQgc

130 https://www.publik-forum.de/menschen-meinungen/deals-mit-der-letzten-generation

131 https://taz.de/Letzte-Generation-in-Hamburg/!5917323

132 ZDF, Politikbarometer. Bildung: Bund soll mehr Kompetenzen bekommen, 2023. https://www.zdf.de/nachrichten/politik/politbarometer-bildung-klimaaktivisten-china-100.html

133 »›Yes‹ without ›No‹ is appeasement. ›No‹ without ›Yes‹ is war.« Aus: Program on Negotiation. Harvard Law School, Gandhi's Nonviolent Princip-les Show Way Toward Peaceful World, 2006. https://www.pon.harvard.edu/news/gandhis-nonviolent-principles/

134 »Ultimately, non-negotiation can lead to missed opportunities for the gains sought.« Aus: Anthony Wanis-St. John / Noah Rosen, Negotiating Civil Resistance, Washington 2017, S. 5.

135 Ira William Zartman, Ripeness: The Hurting Stalemate and Beyond, in: Paul C. Stern / Daniel Druckman, International Conflict Resolution After the Cold War, Washington 2000, S. 225–250.

136 Roger Fisher, William Ury, Bruce M. Patton, Das Harvard-Konzept: der Klassiker der Verhandlungstechnik, Frankfurt a. M. 2004.

137 »Those hugs that you give to each other are the most important thing in the world. Arms are for hugging, not for killing.« Aus: https://www.youtube.com/watch?v=wvsLrqRZDV4

138 United Nations, António Guterres (UN Secretary-General) at the Climate Implementation Summit of COP 27, 2022. https://media.un.org/en/asset/k1m/k1miby0flu

139 Aminata Touré, Wir können mehr sein. Die Macht der Vielfalt, Köln 2021, S. 168 f.

140 T-online, Wird Hannover die erste Bastion der »Letzten Generation«?, 2023. https://www.t-online.de/region/hannover/id_100132818/hannover-als-erste-bastion-der-letzten-generation-klimaaktivisten-setzen-blockaden-aus.html

141 Am besten sieht man das in seiner Dokumentation »Mission: Joy«, in der die besondere Freundschaft von Desmond Tutu und dem Dalai Lama gezeigt wird. In dem Film geben die »schelmischen Brüder« Ratschläge, wie man Freude in der Welt findet – ein Vorhaben, das gerade vor dem Hintergrund ihrer Lebenswege und der Kämpfe, die sie geführt haben, besonders ist.

142 Louie Psihoyos/ Peggy Callahan, Mission: Joy. Zuversicht und Freude in bewegten Zeiten, 2022.

143 https://www.youtube.com/watch?app=desktop&v=25KYPI_RpGo

144 https://www.youtube.com/watch?v=-OxeIyWXz5U

145 Bill Moyer, The Movement Action Plan: A Strategic Framework Describing The Eight Stages of Successful Social Movements, 1987.

146 Institut für Demokratie und Zivilgesellschaft, #Hass im Netz: Der schleichende Angriff auf unsere Demokratie. Eine bundesweite repräsentative Untersuchung, 2019, S.5. https://www.idz-jena.de/fileadmin/user_upload/_Hass_im_Netz_-_Der_schleichende_Angriff.pdf

147 Svenja Gräfen, Radikale Selbstfürsorge. Jetzt!, Hamburg 2021, S.102 (e-book)

148 Susanne Schwarz, Klimagrüße von Bali, 2023. https://taz.de/Urlaub-nach-Autobahn-Blockade/!5909531/

149 Sheila McCauley Keys/ Eddie B. Allen Jr., Our Auntie Rosa: The Family of Rosa Parks Remem-bers Her Life and Lessons, 2015.

150 https://www.instagram.com/p/CBhP-hyg9RK/
Siehe auch: Angela Davis zum Thema Radical Self-Care: https://www.youtube.com/watch?v=Q1cHoL4vaBs

151 Maximilian Arnhold, »Die Klimakrise ist auch eine psychologische Krise«, 2021. https://www.rnd.de/wissen/die-klimakrise-ist-auch-eine-psychologische-krise-psychologists-for-future-im-interview-QO5L4LJZG FD6ZPSB255CXUMBI4.html

152 Katharina van Bronswijk, Klima im Kopf. Angst, Wut, Hoffnung: Was die ökologische Krise mit uns macht, München 2022, 28f (e-book)

153 Joanna Macy/ Molly Young Brown, Coming Back to Life: The Updated Guide to the Work that Reconnects, Gabriola Island 2014.

154 Liane Munro, United we stand: fostering cohesion in activist groups, in: a journal for and about social movements, Vol.13 (1), 2021, S.129–156.

155 Matthew Warchus, Pride, 2014.

156 Svenja Gräfen, Radikale Selbstfürsorge. Jetzt!, Hamburg 2021, S.102 (e-book)

157 https://www.youtube.com/watch?v=-OxeIyWXz5U

158 António Guterres, The Head of the United Nations Makes a Climate-Change Apology to His Future Great-Great-Granddaughter, 2023. https://time.com/collection/earth-awards-2023/6272884/antonio-guterres-climate-change-apology-great-great-granddaughter/

159 Frank Schätzing, Was, wenn wir einfach die Welt retten? Handeln in der Klimakrise, Köln 2021, S. 145 (e-book)

Literatur zum Weiterlesen

Erica Chenoweth, Civil Resistance:
    What Everyone Needs to Know®, Oxford 2021.
Erica Chenoweth / Maria J. Stephan, Why Civil Resistance Works:
    The Strategic Logic of Nonviolent Conflict, New York 2011.
Bill Moyer, The Movement Action Plan: A Strategic Framework
    Describing. The Eight Stages of Successful Social Movements, 1987.
Gene Sharp, The Politics of Nonviolent Action. 1,
    Power and Struggle, Boston 1973.
Gene Sharp, The Politics of Nonviolent Action. 2,
    The Methods of Nonviolent Action, Boston 1973.
Gene Sharp, The politics of Nonviolent Action. 3,
    The Dynamics of Nonviolent Action, Boston 1973.
Gene Sharp, Von der Diktatur zur Demokratie:
    Ein Leitfaden für die Befreiung, München 2008.

Greta Thunberg
Das Klima-Buch von Greta Thunberg
Der aktuellste Stand der Wissenschaft unter Mitarbeit der
weltweit führenden Expert:innen

Greta Thunberg sammelt für ihr einzigartiges Projekt eines
umfassenden Klima-Buches alles relevante Wissen, um die
Klimakrise verstehen zu können. Sie hat die wichtigsten
Wissenschaftler:innen der Welt gebeten, den Stand ihrer jeweiligen Forschung klar und verständlich darzulegen.
Es geht um alle wichtigen Themen: von schmelzenden
Eisbergen und Artenschwund über Fast Fashion und Mi-
gration bis hin zu erneuerbaren Energien, Müll und Utopi-
en – und was wir jetzt tun müssen.
Greta Thunberg selbst zeigt die großen Zusammenhänge,
ordnet ein, kommentiert und gibt Ausblicke. Alles, was man
wissen muss zum wichtigsten Thema unserer Zeit.

Aus dem Englischen von
Michael Bischoff und Ulrike Bischoff
512 Seiten, gebunden

Weitere Informationen finden Sie auf
www.fischerverlage.de